明末佛教研究

聖嚴法師　著

自序

一九七五年春，我在東京立正大學通過的博士論文，題爲「明末中國佛教の研究」，實則明末佛教的範圍很廣，那是宋以後中國佛教史上的一個大有爲的階段，我的主題研究，僅以明末四大師中最後的一位，蕅益智旭爲中心，故在提出學位論文之後，即想著手對於明末的佛教，做廣泛而深入的繼續研究。

在我的學位論文問世之前，學界對於明末的佛教，尚是一塊等待開發的處女地，嗣後不久，美國州立賓州大學的徐頌鵬博士，提出的學位論文是明末的憨山德清。一九七九年由賓州大學出版了*A Buddhist Leader in Ming China: The life and thought of Han-shan Te-ching*；美國哥倫比亞大學的于君方博士，撰成的學位論文是研究明末的蓮池大師雲棲袾宏，一九八一年由哥倫比亞大學出版了*The Renewal of Buddhism in China Chu-hung and the Late Ming Synthesis*。去（一九八六）年的美國哈佛大學，也有一位美國學者，以紫柏大師爲主題研究，通過了博士學位，唯尚未見出版；本（一九八七）年春臺灣中華佛學研究所的釋果祥，也由東初出版社（法鼓文化前身）出版了一冊《紫柏大師研究》。另有一位苦學勤讀，正在充實學力中的臺大歷史研究所研究生——江燦騰先生，也以明末佛教爲其主攻的領域，在國內發表了數篇論文。尙有大陸學者郭朋，於一九八一年以通史體裁寫成《明清佛教》，次年由福建人民出版社出版；日本學者荒木見悟，一九七九年出版《佛教と陽明學》，一九八四年出版《陽明學の開展と佛教》等。可見學術界對於明末佛教的研究，在短短十二年來，已成了國內外及東西方學者間的熱門課題。

明末佛教，在中國近代的佛教思想史上，有其重要的地位，上承宋元，下啟清民，由宗派分張，而匯爲全面的統一，不僅對教內主張「性相融會」、「禪教合一」以及禪淨律密的不可分割，也對教外的儒道二教，採取融通的疏導態度。諸家所傳的佛教本出同源，漸漸流佈而開出大小、性相、顯密、禪淨、宗教的局面。到了明末的諸大師，都有敞開胸襟，容受一切佛法，等視各宗各派的偉大心量，姑不論性相能否融會，顯密是否一源，臺賢可否合流，儒釋道三教宜否同解，而時代潮流之要求彼此容忍，相互尊重，乃是事實。是故明末諸大師在這一方面的努力，確有先驅思想的功勞。

本書所收四篇稿件，是對明末的居士佛教、禪、淨、唯識，作了全面性的調查研究，所用的工力和時間，相當可觀，對於資料的蒐集、分類、研判，多半是在精讀多讀的方式下產生。我的目的，僅在爲後賢提供可用的資料及其線索，至於進一步的研究，不論是消融或創發，仍有待諸後賢的努力。當然，假如我有時間，還會從其他主題，例如就律、密、臺、賢等的範疇，對明末的佛教，繼續寫下去。

一九八七年七月二十日序於臺北北投農禪寺

目錄

第二章　明末的淨土教人物及其思想

第三章　明末的唯識學者及其思想

第一章　明末的禪宗人物及其特色

第一節　緒言

佛教本以實踐爲主，理論的思想，乃是爲了實踐的目的。所以，佛教雖有浩瀚的教典，都是爲了如何實踐佛的教法而出現。所謂佛教的實踐方法，大別不出三類：一是持戒，二是習定，三是修慧。可是，此三者，以戒爲基礎，慧爲目的，定爲發慧的主要條件。自印度以至中國，乃至目前的佛教所到之處，無一不是基於這三項原則（註一），否則，雖名爲佛教，卻不是佛教的本色了。

因此，佛教雖從思想的角度及教團的形態而言，分有南傳與北傳，北傳又分爲顯教與密教，顯教又分爲禪及教，教又分派，禪也分派。他們的主要修行方法，仍皆以戒定慧的三無漏學爲依準。而且，自古以來，「從禪出教」（註二），「藉教悟宗」（註三），是相互爲用的。唯有眞的實踐，始能產生眞智慧，而爲大眾說出究竟清淨的不思議法，也唯有依靠正確的教義指導，始能實踐正法，而明其自心見其本性。因此，中國禪宗，雖以「不立文字」爲其特色，它所留下的禪籍，反而是中國佛教的諸宗派中最豐富的一流。從禪宗史上看，凡是一流的禪士輩出的時代，幾乎也是禪宗典籍的豐收之際，尤其到了明末的中國，禪僧及禪宗的居士們，凡是傑出而有影響力者，幾乎都有相當分量及數量的著述，流傳於後世。最難得的是，他們不僅重視禪宗的語錄及史書的創作和編撰，而且從事禪宗以外的經律論的註釋疏解。所以我們若將明末視爲中國佛教復興的時代，亦不爲過。

所謂明末，主要是指明神宗的萬曆年間（西元一五七三—一六一九年），可是，有些人生於萬曆之前，活躍於萬曆初年，有些人生在萬曆年間，活躍於萬曆年間，有些人生於萬曆末期，卻活躍於萬曆之後。明朝亡於西元一六六〇年，而本文研究的人物，以其生歿年代的起歿計算，則自西元一五〇〇至一七〇二年，最遲的時代雖及清代，仍是生於萬曆年代的人。

禪宗重視修證經驗，其所證經驗的眞僞及深淺，縱然已有自信，仍得經過先進禪德的勘驗與印可。凡是有能力印證他人的人，必是自己也曾接受過上一代禪德的印可。爲人印證者，通常即是指導你修行的人，也可能僅在一面之間，便承認了你的修證工夫。不論如何，你受了何人的印可，便算接受了他的傳承，而成爲他下面的另一代傳人，稱爲法嗣。

由於傳承的關係，代表了法統的延續，也證明了修證經驗的可靠性；所以自宋朝的《景德傳燈錄》（註四）之後，有《建中靖國續燈錄》、《聯燈會要》、《嘉泰普燈錄》、《五燈會元》等諸書（註五），記述禪宗諸家的系譜，經元朝，迄明初，又出了《續傳燈錄》及《增集續傳燈錄》（註六）。正如明初玄極的〈續傳燈錄序〉所敘述的史實一樣：「吳僧道原，於宋景德間（西元一〇〇四年），修《傳燈錄》三十卷，眞宗特命翰林學士楊億等，裁正而序之，目曰《景德傳燈錄》，自是禪宗寖盛，相傳得法者益繁衍。（宋）仁宗天聖中（西元一〇二三—一〇三一年），則有駙馬都尉李遵勗，著《廣燈錄》。建中靖國初（西元一一〇一年），則有佛國白禪師，爲《續燈錄》。淳熙十年（西元一一八三年），淨慈明禪師，纂《聯燈會要》。嘉泰中（西元一二〇一—一二〇四年），雷菴受禪師述《普燈錄》。宋季（紹定間，西元一二二八—一二三三年）靈隱大川濟公，以前五燈爲書頗繁，迺爲粹成《五燈會元》。」（註七）

以上序中所敘六種燈錄，除了《廣燈錄》之外，餘均被收在《大正藏》及《卍續藏》的史傳部。然後，經過一百六十年，至明初（西元一四〇一年），玄極輯出《續傳燈錄》，又過一百九十年，至明末的萬曆二十三年（西元一五九五年），瞿汝稷集《指月錄》。西元一六三一年，有《教外別傳》、《禪燈世譜》、《居士分燈錄》。西元一六三二年至一六五三年間，有《佛祖綱目》、《五燈會元續略》、《繼燈錄》、《五燈嚴統》，及《續燈存稿》等諸書（註八），相繼問世。明末僅僅六十年間，竟比任何一個時期所出的燈錄更多，而且此一趨勢，延續到清之乾隆時代的西元一七九四年時，又繼續出現了《續指月錄》、《錦江禪燈》、《五燈全書》、《正源略集》、《揞黑豆集》等諸書（註九）。在明末及清的二百年間，如果不是禪者中的人才輩出，豈會產生如此多的燈錄？如果不是禪者們重視法系的傳承，豈會有人屢屢編集燈錄？那些禪者中的傑出者，不僅在修證的禪境上各有其突破處，在文字經教的修養上，多半也有相當的造詣。故自西元一五九五至一六五三年的五十八個年頭之間，新出現的禪宗典籍，包括禪史、語錄、禪書的輯集、編撰、註解等，共有五十種計三百八十六卷，動員了三十六位僧侶及十位居士，平均不到十四個月即有一種新的禪籍面世（註一〇）。

在明末禪宗的人物方面的考察，主要是根據明末及清初的諸種燈錄，最好的第一手資料，當然是明末禪僧及居士們爲我們留下的傳記、塔銘、行狀，相信這些文獻也正是諸種燈錄的原始資料，可是，除了傑出的僧侶，願意留下自傳或傳記資料，而由後人加以刊行或刻碑之外，多半禪者的事蹟是不被後世所知的。所以諸種燈錄所錄的禪者，能有生歿年月可考，且有特殊的新觀念、新公案被記述者，那是不多的，故有好多禪者僅在燈錄的目錄中，見到他們的名字列於某派某世的傳承之下，卻不見有其事蹟及語錄、公案等備載於燈錄的內容之內。唯對研究者而言，仍是有其方便，至少可藉以瞭解活躍在當時的禪宗人物，到底有多少。雖僅被列名的人，也該都是有力於當時的禪者，否則，在百萬計的一般禪者之中，豈有多少僥倖而於燈錄中列名的人。

本文依據成於西元一六四二至一七九四年之間的九種燈錄及傳略集的資料，取其有名又有事蹟記錄者，整理成表（註一一）。此表所記內容，凡一百七十九個年頭，一百一十七人，其中僅有六位是居士，且無一人是女尼。但是我們可以判斷，由於那些燈錄的編集者，均有他們宗派法系及傳承的觀點，對於人物的取捨，也都有他們主觀的尺度。也可以說，正由於受了宗派立場的限制，被選錄的對象，就難免沒有厚此而薄彼的情形。故若僅就上舉的九種燈錄的資料所見者，尚無法說明明末禪宗的盛況。也可以說，明末禪宗之豐富，不是燈錄內容所能全部介紹，燈錄僅照傳統的模式，著重禪者們的參學過程及語錄公案的編採。至於明末禪者們的禪思想及禪學以外的著述，則非燈錄的分內事了。因此，雖然在《續燈存稿》、《續指月錄》、《續燈正統》、《正源略集》（註一二）等諸書中，將正統的禪者以外，附錄了「未詳法嗣」者及「諸尊宿」的事蹟，作為補救，但也只限於被正統禪宗學者視爲與禪宗相關者，始被錄入。其他曾與明末諸尊宿如雲棲袾宏（西元一五三五—一六一五年）、達觀眞可（西元一五四三—一六〇三年）、憨山德清（西元一五四六—一六二三年）等人相關的僧俗弟子，均未列入，甚至與以上三人被後世並稱爲明末四位大師之一的蕅益智旭（西元一五九九—一六五五年），在諸燈錄之中，竟未見其名字。可能後人將他視爲淨土宗或天臺宗的派下，故意捨棄。另在《居士傳》內所列明末的諸居士中（註一三），有十一位是以禪行爲其修持法門的，然爲諸燈錄所收者，僅得其中的一位（註一四）。足徵諸燈錄的編集者們，均把法脈系統的門戶守得很嚴。

事實上，禪宗的重視傳承，本來是爲了防止濫冒，所以要由傳承明確的明師，給予勘驗及印可之後，始得成爲正統正式的禪法的繼續傳授印證者。但是，經過南宋末期、元朝及明初，一度衰微之後的禪宗，能夠把握佛法命脈的眞修眞悟的禪者，便寥寥無幾（註一五），往往是上一輩的禪者們，爲了維繫禪宗寺院在形式上的世代相承，不致因了缺乏眞正明眼人的接掌門戶，便趨於滅亡的厄運起見，對於尚未明眼的弟子，只要稍具才華，勉強能負起寺院的管理之責者，也就給予傳法的印可了。此種印可，被禪宗的門內人，評爲「冬瓜印子」。也就是說，這種印可的證明，不是蓋上了皇家的玉璽，也不是蓋的金屬或石刻的正式印章，而是蓋的臨時用冬瓜肉僞造的印章。印章既是假的，用此印章印可的證明書，當然沒有實質上的意義。故到明末之際，禪者們尋求明師印可者，固然不少，有足夠能力自度度人的傑出僧侶，則未必將聞名於當時的禪匠看作尋求印可的對象；或者由於機緣不成熟，不是碰不到面，就是碰到了面也不能發生傳承的關係。比如蕅益智旭，曾經參謁曹洞宗青原之下三十五世的無異元來（西元一五七五——一六三〇年），盤桓了一百十日，不但未嗣其法，反而因之而「盡諳宗門近時流弊，乃決意宏律」了（註一六）。但這並非表示看不起元來，元來倒是極受蕅益尊崇的一位禪者（註一七）。

事實上，不重視派系法統的師師相承，可說是明末佛教的一大潮流，蕅益智旭，不僅未求任何禪者的印可，甚至極端反對法派承襲的陋習（註一八）。此外如雲棲袾宏，雖曾參訪臨濟宗南嶽之下三十三世的禪匠笑巖德寶（西元一五一二——一五八一年），憨山德清除了也曾參訪德寶之外，還參訪過臨濟宗南嶽之下三十二世的雲谷法會（西元一五〇〇——一五七九年），卻都沒有建立法統傳承的關係。最足注意的是，因爲曹洞宗青原之下三十五世的傳承者湛然圓澄（西元一五六一——一六二六年），也對求人印可之事，抱著可有可無的態度，而謂：「本分自心，如能得悟，豈有更欲求人證許，方乃消疑耳。」（註一九）

也許正由於明末曹洞宗的圓澄不堅決強調印可傳承的重要性，在臨濟宗南嶽之下二十六世的費隱通容（西元一五九三——一六六一年）所撰《五燈嚴統》凡例中，否定了他的法統（註二〇）。問題當然不是這樣簡單，容在後面詳論。

從明末禪者們所留下的作述看來，臨濟宗的諸人，比較保守陳規，曹洞宗的諸人及法嗣不詳的諸尊宿，則比較能著重實際情況的效用適應。對於禪宗弊端的自我檢討，對修行工夫重視鍛鍊的方法，也以此曹洞宗下及諸尊宿較為積極。至於臨濟下的漢月法藏（西元一五七三——一六三五年），雖屬臨濟宗南嶽之下三十五世密雲圓悟（西元一五六六——一六四二年）的法嗣，因他乃以自力參破，而得悟透，見解便比較獨立，作《五宗原》一書暢論其說，但卻引發了密雲圓悟的反對，編述了《闢妄救略說》一書（註二一）。漢月法藏的法孫，晦山戒顯（西元一六一〇——一六七二年）承其遺風，撰有《禪門鍛鍊說》一書，傳於世。此種敢於自我檢討並重視修證方法的風氣，也可算是明末禪宗的一大特色。

此外，明末的禪者之中，既有不少勇於檢討、重視實際、思想獨立的人物，他們在自修及勸人修行的觀念上，也有活用的方便，雖皆以禪悟的目標為指歸，也不排拒念佛、持咒等的雜行。

註解

註 一 中國禪宗的實踐，重在實際的生活，重在人格及內心的鍛鍊，不重禪定的習得，但在生活的精進實踐中斷絕向內向外的攀緣心時，智慧之光芒，自然現前，所以較為活潑。然於省悟之後，依舊要求踏實的定力，來增長智慧的力量。

註 二 印順法師《說一切有部為主的論書與論師之研究》六一四—六一五頁（一九六八年六月臺北慧日講堂出版）。

註 三 印順法師《中國禪宗史》三七—七一頁（一九七一年六月臺北慧日講堂出版）。

註 四 《景德傳燈錄》三十卷，宋之道原，纂成於西元一〇〇四年，現存於《大正藏》五一冊。

註 五 （一）《建中靖國續燈錄》三十卷，宋之惟白集。
（二）《聯燈會要》三十一卷，宋之悟明集。
（三）《嘉泰普燈錄》三十卷，宋之正受編。
（四）《五燈會元》二十卷，宋之普濟集，以上現均存於《卍續藏》之史傳部。

註 六 （一）明初之玄極所輯《續傳燈錄》三十六卷，序於西元一四〇一年，存於《大正藏》五一冊及《卍續藏》一四二冊。
（二）明初之文琇所集《增集續傳燈錄》六卷，存於《卍續藏》一四二冊。

註　七　《卍續藏》一四二・二二三頁。

註　八　明末諸種燈錄資料，請參閱本章第四節所附「明末禪籍一覽表」的「明末諸家禪宗史傳」表。

註　九　以上諸書的資料，請參閱本章第二節所附「明末禪宗人物資料表」。

註一〇　參看本章第四節的「明末禪籍一覽表」。

註一一　參看本章第二節所附「明末禪宗人物資料表」。

註一二　(一)《續燈存稿》卷一二，有〈未詳法嗣〉編，錄有明末禪僧六人。
(二)《續指月錄》卷二〇，有〈尊宿集〉，錄選明末禪者十八人，其中有一位比丘尼、兩位居士。
(三)《續燈正統》卷四一，有〈未詳法嗣〉編，及卷四二的〈補遺〉編，錄明末禪僧十三人。
(四)《正源略集》卷八，有〈附諸尊宿〉編，錄明末禪者十四人，其中兩人是居士。

註一三　《居士傳》共五十六卷，彭際清編成於西元一七七五年，現存於《卍續藏》一四九冊。明末的十一位居士資料，參閱本書第四章〈明末的居士佛教〉一文。

註一四　此一人是黃元公，爲《五燈全書》卷六二及《正源略集》卷八所收，說他是曹洞宗無明慧經（西元一五四八—一六一八年）的法嗣，但在《居士傳》中，他也與臨濟宗的密雲圓悟（西元一五六六—一六四二年）及費隱通容（西元一五九三—一六六一年）有關。

註一五　宋末未出人，元朝僅出曹洞宗的萬松行秀，臨濟宗的雪巖祖欽、高峯原妙、中峯明本。漢月法藏的《濟宗頌語》有云：「高峯、中峯以下，屢遭亂世，其間諸家傳法弟子，給侍不久，宗旨漸疏。」（《卍續藏》一一四．二二三頁）

註一六　《靈峯宗論》卷首，「八不道人傳」。

註一七　《靈峯宗論》卷一〇，智旭（西元一五九九—一六五五年）作〈曹溪（西元一二六三—一三二三年）行呈無異禪師有序〉之中，有稱元來乃是一位「以禪治惑，一律扶衰」的人物。

註一八　參看《靈峯宗論》卷五的〈法派稱呼辯〉及卷五的〈儒釋宗傳竊議〉二文。

註一九　湛然圓澄著《宗門或問》（《卍續藏》一二六．三二二頁）。

註二〇　參看《卍續藏》一三九．七頁。

註二一　以上二書現存於《卍續藏》一一四冊。

第二節　明末禪者的資料考察

資料的考察，分成兩個方向：一是依據明末禪者們自己留下的作述，探究其內容序跋及附錄的塔銘傳記，而得知他們的行實及思想。二是根據諸種燈錄所載、世代相承的禪史資料。若以重點性及重要性而言，第一類的資料，極爲可貴；若以普遍性及系統性而言，第二類的資料，殊足參考。本文的重心，應該是第一類，本文的範圍，亦宜顧及第二類。

現在先將第二類的資料，整理成表，庶能一覽便知明末禪宗人物的大勢。

從以下表列的資料，可以發現幾個特徵：1.諸燈錄對於禪宗人物的取捨，雖各有其不同的標準，若遇重要的人物，則爲諸燈錄所共認。2.《南宋元明禪林僧寶傳》，及《揞黑豆集》是選錄禪林的重要人物；《錦江禪燈》是選錄四川一地的禪林人物。3.《續燈存稿》、《續指月錄》、《續燈正統》的選錄尺度較寬，收錄的人數較多；《五燈嚴統》的選錄尺度，較爲嚴格；《五燈全書》較略於前而較詳於後。4.各家對於人物所屬的宗派及世代，大致相同而略有先後的出入。5.《揞黑豆集》對人物時代的次序，往往顚倒。

（一）明末禪宗人物資料表

人物：人名	人物：在世年代	宗派及世代：臨濟（南嶽下）	宗派及世代：曹洞（青原下）	宗派及世代：未詳	嗣法之師	續燈存稿 1642	五燈嚴統 1650	南宋元明禪林僧寶傳 1667以前	續指月錄 1670	錦江禪燈 1686	續燈正統 1691	五燈全書 1693	正源略集 1785以後	揞黑豆集 1794	諸人籍貫
絕學明聰	?-1572	32			本瑞	卷10	卷23		卷15		卷30	卷60		卷3	邵武
漢陽古巖		〃			〃	〃			〃		〃			〃	漢陽府
大休實	1514-1588	〃			〃	〃			〃		〃	〃		〃	新鄭
大覺圓		〃			智素	〃	〃		〃		〃	〃		卷4	漢川
雲谷法會	1500-1579	〃			道濟	〃	〃		〃		〃	〃			嘉善
東谿方澤		〃			〃	〃	〃		〃		〃	〃			嘉善
浮峯普恩		〃			法聚	〃			〃		〃	〃			山陰
無趣如空	1491-1580	〃			曉	〃	〃	卷14	〃		〃	〃		〃	嘉興

養庵廣心	1547-1627			尊宿	不明	卷12			卷20		卷30		卷8		上饒
天眞道覺		32			淨琴	〃	卷23		〃		〃	卷60			建寧府
無礙明理		〃			寬						〃	〃			汾州
彭州寶池		〃			鑑隨					卷9					西鄉縣
了凡剛	1550-1612	〃			〃					〃					邛州
笑巖德寶	1512-1581	33			明聰	卷10	卷24	卷14	卷16		〃	〃		卷3	金臺
廬山大安	1510-1579	〃			古巖						〃				襄陽
龍樹寶應		〃			洪	〃	〃		〃		〃	〃			太原府
五臺楚峯		〃			〃	〃	〃		〃		〃				太原府
玉堂和尚		〃			〃	〃	〃		〃		〃	〃			不明
古湛性冲	1540-1611	〃			如空	〃	〃		〃		〃	〃		卷5	蘇州秀水
鬲山智秀	1588-1657-?	〃			廣心						〃				饒州樂邑
古卓性虛	?-1615	〃			明理				〃						嘉興
少室常潤	?-1585		33		忠書	卷11			卷18		卷37	卷61			南昌進賢
廩山常忠	1534-1588		〃		〃	〃			〃		〃	〃			建昌府
鵲山圓佐	?-1585		〃		〃				〃		〃				順德府

興國如進			33		忠書				卷18		卷37				大名府
龍岡如遷	1538-1598		〃		〃				〃		〃				懷慶府
古風通玄			〃		〃				〃						河南鄴下
大覺方念	1547-1617		34		常潤	卷11	卷25		卷20		〃	卷62	卷3	卷3	順天府
無言正道	?-1590-?		〃		〃	〃			〃		〃	〃			河南府
實相善眞			〃		〃						〃				保寧府
無明慧經	1548-1618		〃		常忠	〃		卷15	〃		卷38	〃	〃	〃	撫州崇仁
智空了睿	1540-1624		〃		常潤				〃						內丘
鰲谷銀妙			〃		〃				〃						邯鄲
無疑眞信			〃		〃				〃						蓬山皇親
于鍾英			〃		〃				〃						河南鄴下
幻有正傳	1549-1614	34			德寶	卷10	卷24	卷14	卷17		卷31	卷64		卷4	溧陽
靈谷曇芝		〃			〃	〃	〃		〃		〃	〃			江寧府
三際廣通		〃			〃	〃	〃		〃		〃	〃			太原
幻也佛慧	1536-1626	〃			〃	〃		〃	〃		〃	〃		〃	會稽
南明慧廣	?-1620	〃			性冲				〃			〃			海寧

正宗悟		34			德寶	〃			卷17		〃				鳳陽
高菴傑		〃			〃				〃						京兆
天常經		〃			〃				〃						天臺
素菴智		〃			〃				〃						武林
密雲圓悟	1566-1642	35			正傳		卷24	卷15	卷18					卷5	常州宜興
天隱圓修	1575-1635	〃			〃		〃	〃	〃		卷31			〃	常州宜興
雪嶠圓信	1571-1647	〃			〃	卷10		〃	〃		〃			〃	鄞縣
抱朴大蓮	?-1629	〃			〃	〃	〃		〃		〃			〃	臨安
鴛湖妙用	1587-1642	〃			慧廣	〃					〃				海寧
五峯如學	?-1633	36			圓悟	〃	〃		卷19		〃	卷65			臨潼
漢月法藏	1573-1635	〃			〃	〃	〃		〃		卷32	〃			梁溪（無錫）
破山海明	1597-1667	〃			〃		〃		〃	卷9	〃	〃		卷6	西蜀
費隱通容	1592-1660	〃			〃		〃		〃		〃	〃			閩之福清
石車通乘	1593-1638	〃			〃		〃		〃		〃	〃			金華
朝宗通忍	?-1648	〃			〃		〃		〃		〃	卷66			毗陵（常州）
萬如通微	?-1657	〃			〃		〃				〃	〃			嘉禾

山翁道忞	1593-1672	36			圓悟		卷24		卷19		卷33	卷66		卷6	潮州
石奇通雲	1593-1662	〃			〃		〃		〃		〃	〃			浙江婁東
牧雲通門	?-1671	〃			〃		〃		〃		〃	卷67		〃	常熟
浮石通賢	1592-1667	〃			〃		〃		〃		〃	〃			蘇州平湖
林野通奇	1595-1652	〃			〃		〃		〃		〃	〃			蜀之合州
黃介子		〃			〃				〃		〃				毗陵澄江
林皋本豫	?-1646	〃			圓修		〃				卷34	〃	卷2	〃	江蘇崑山
玉林通琇	1614-1675	〃			〃		〃		〃		〃	卷68	〃	〃	杭州
箬菴通問	1604-1655	〃			〃		〃		〃		〃	〃	〃	〃	吳江
山茨通際	1571-1608	〃			〃		〃		〃		〃	〃	〃	〃	邗之通州
松際通授	1593-1642	〃			〃				〃		〃	〃	〃	〃	浙之烏程
衡石悟鈞	1613-1646	〃			妙用				〃		〃	〃			錢塘
介菴悟進	1612-1673	〃			〃				〃		〃	〃			嘉興
一初悟元	1615-1678	〃			〃						〃	〃			嘉興
唯一潤	?-1647	〃			圓信						〃		〃	〃	浙之梅東
徹崖宏歇	1611-1657	〃			〃								〃		楚黃

形山宏淖	1599-1674	36			圓信								卷2		楚安
山鳴弘璐		〃	35		〃								〃		
湛然圓澄	1561-1626		〃		方念		卷25	卷15				卷65	卷3	卷4	會稽
心悅慧喜	1564-1639		〃		正道	卷11					卷38	〃			金臺
無異元來	1575-1630		〃		慧經	〃		〃			〃	〃	〃		廬州舒城
晦臺元鏡	1577-1630		〃		〃	〃					〃	〃	〃	〃	建寧建陽
見如元謐	1579-1649		〃		〃	〃					〃	〃	〃		建昌南城
永覺元賢	1578-1657		〃		〃	〃					〃	〃	〃	〃	建陽
黃元公	?-1645		36		〃	〃					〃	〃	卷8		江西
指南明徹			〃		圓澄		〃				卷39	〃			金華
麥浪明懷	?-1620-?		〃		〃		〃				〃	〃	卷3		越之山陰
石雨明方	1593-1648		〃		〃		〃				〃	〃	〃	卷5	嘉興
三宜明盂	1598-1665		〃		〃		〃				〃	〃	〃	〃	錢塘武林
爾密明澓	1591-1643		〃		〃		〃				〃	卷63	〃		會稽
具足明有			〃		〃						〃	〃	〃		會稽
瑞白明雪	1584-1641		〃		〃		〃				〃	〃	〃		桐城

柳湞居士			36		圓澄		卷25				卷39	卷63			山陰
葉曇茂			〃		〃						〃	〃		卷5	南昌
雪關智誾	1585-1637		〃		元來						卷40	〃	卷3		廣信上饒
嵩乳道密	1588-1658		〃		〃						〃	〃	〃		泗州
宗寶道獨	1599-1660		〃		〃						〃	〃	〃		廣州
竹山道嚴	1602-1661		〃		〃						〃	〃			西川
古航道舟	1585-1655		〃		〃						〃	〃			泉州
雪磵道奉	1591-1669		〃		〃						〃	〃			建陽
星朗雄	1597-1673		〃		〃						〃	〃			閩漳龍溪
余大成			〃		〃							〃	卷8	〃	桐城
覺浪道盛	1592-1659		〃		元鏡						〃	〃	卷3	〃	建寧浦城
爲霖道霈	1615-1702		〃		元賢						〃	〃	〃		建安
涵宇海寬			〃		慧喜						〃	〃			直隸
別山性在	?-1651-?		〃		〃							〃			順天豐潤
雲棲袾宏	1535-1615			尊宿	不明								卷8		杭州仁和
達觀眞可	1543-1603			〃	〃	卷12			卷20		卷41		〃		江蘇句曲

無念深有				尊宿	不明	〃			〃		卷41		卷8		黃州麻城
儀峯方象	?-1592-?			〃	〃	卷12			卷20		卷42		〃		達州
聞谷廣印	1566-1636			〃	〃	〃			〃		〃		〃		杭州
無學幻				〃	〃				〃				〃		
憨山德清	1546-1623			〃	〃				〃		卷41		〃		安徽全椒
顓愚觀衡	1579-1648			〃	〃	〃					〃		〃		順天
元白可				〃	〃								〃		
大辯道焜				〃	〃								〃		
見月讀體	1601-1679			〃	〃								〃		滇南（雲南）
徧融眞圓	1506-1584			未詳	〃					卷9	〃				西蜀營山
戲蘆澄心	?-1604			〃	〃						〃				潮州海陽
古雪眞喆		36		〃	〃						卷42				甌寧
吹萬廣眞	?-1618-1639			〃	〃			卷15							西蜀

說明
1. 臨濟宗自南嶽下三十二世至三十六世五代計六十人 2. 曹洞宗自青原下三十三世至三十六世四代計四十二人 3. 法嗣未詳之尊宿十五人 4. 以諸人生滅年代計係自西元一五〇〇年至一七〇二年 5. 凡收一百一十七人（中有六位居士）歷明末及清共二百零二年
本書共12卷，現存《卍續藏》145冊，通問編集
本書共28卷，現存《卍續藏》139冊，通容集
本書共15卷，現存《卍續藏》139冊，自融集
本書共21卷，現存《卍續藏》143冊，聶先集
本書共20卷，現存《卍續藏》145冊，通醉輯
本書共42卷，現存《卍續藏》144冊，性統編集
本書共120卷，現存《卍續藏》140、141、142冊，超永編
本書共16卷，原缺第一卷，現存《卍續藏》145冊，際源及了貞輯
本書共9卷，現存《卍續藏》145冊，心圓及火蓮拈集

第三節　明末禪者的出生地域及重要人物

從「明末禪宗人物資料表」中，可以瞭解明末禪者們的出生地的分布狀況，也可以明白地指出了哪一些是極端傑出而化度力強大的人物。第一點依據諸人的籍貫所在，第二點則依據諸人的法嗣多寡。且讓我們進一步，再製兩表如下：

（一）明末禪者的地理分布表

省別	人數	人名
浙江	31	雲谷法會、東谿方澤、無趣如空、養菴廣心、古卓性虛、幻也佛慧、南明慧廣、天常經、素菴智、雪嶠圓信、抱朴大蓮、鴛湖妙用、石車通乘、石奇通雲、玉林通琇、松際通授、衡石悟鈞、介菴悟進、一初悟元、唯一潤、湛然圓澄、指南明徹、麥浪明懷、石雨明方、三宜明盂、爾密明復、具足明有、柳湞居士、雲棲袾宏、聞谷廣印、浮峯普恩
江蘇	14	古湛性冲、幻有正傳、靈谷曇芝、密雲圓悟、天隱圓修、漢月法藏、朝宗通忍、牧雲通門、浮石通賢、黃介子、林臯本豫、箬菴通問、山茨通際、達觀眞可

四川	12	彭州寶池、了凡剛、廩山常忠、實相善眞、破山海明、林野通奇、見如元謐、竹山道嚴、儀峯方象、吹萬廣眞、無疑眞信、偏融眞圓
福建	11	絕學明聰、天眞道覺、費隱通容、晦臺元鏡、永覺元賢、古航道舟、雪磵道奉、星朗雄、覺浪道盛、爲霖道霈、古雪眞喆
河北	11	笑巖德寶、鵲山圓佐、興國如進、大覺方念、智空了睿、鰲谷銀妙、高菴傑、心悅慧喜、涵宇海寬、別山性在、顓愚觀衡
安徽	6	正宗悟、無異元來、瑞白明雪、嵩乳道密、余大成、憨山德清
江西	6	鬲山智秀、少室常潤、無明慧經、黃元公、葉曇茂、雪關智誾
河南	5	大休實、龍岡如遷、古風通玄、無言正道、于鍾英
湖北	4	大覺圓、漢陽古巖、無念深有、廬山大安
山西	4	無礙明理、龍樹寶應、五臺楚峯、三際廣通
廣東	3	山翁道忞、宗寶道獨、戲蘆澄心
湖南	1	萬如通微
陝西	1	五峯如學
雲南	1	見月讀體

不明	7	玉堂和尚、徹崖宏歇、形山宏淖、山鳴弘璐、無學幻、元白可、大辯道焜（《正源略集》云：宏歇楚黃人，宏淖楚安人，此二地名考察無著）
合計	117人	

以上的地理分布，是依據「明末禪宗人物資料表」所標，原始資料則爲諸家燈錄及其他的傳記，原標均係明末的地名，各資料間，亦偶有出入之處，筆者經斟酌研判而作成選定，查對《中國地名大辭典》及《讀史方輿紀要》之索引，標示出現代所屬的省名，且將北京的列入河北省，南京的列入江蘇省，製成一表。

由表中的省別歸類統計顯示，明末的禪者，竟有七十三人出生於中國東南部的江蘇、浙江、福建、安徽、江西、湖北、湖南之七省，而以浙江居首。華北部二十人，分別出生於河北、河南、山西。西北部僅陝西一人。西南部以四川居首，佔十二人，廣東、雲南各佔一人。大師級的人物，出於浙江、江蘇、福建、安徽、江西、河北等六省，明末的禪者們，也即以此六省作爲行化的國土。何以東南諸省，得天獨厚？此與政治文化的重心，向東南移動，有大關係。

上面的「明末禪宗人物資料表」，也很清楚地告訴了我們，明末的一百一十七人之中，有多少位是受諸燈錄所共同收錄的，又有多少位的嗣法弟子是較多的，在他們的嗣法弟子之中，又有多少位是非常傑出的。我們再從明末清初的其他禪籍之中，也可旁證那些位明末的禪僧是有力於其當時並且影響及於後世的。爲求更加清楚起見，另立一表如下：

（二）明末傑出禪僧世系表

1. 系濟臨

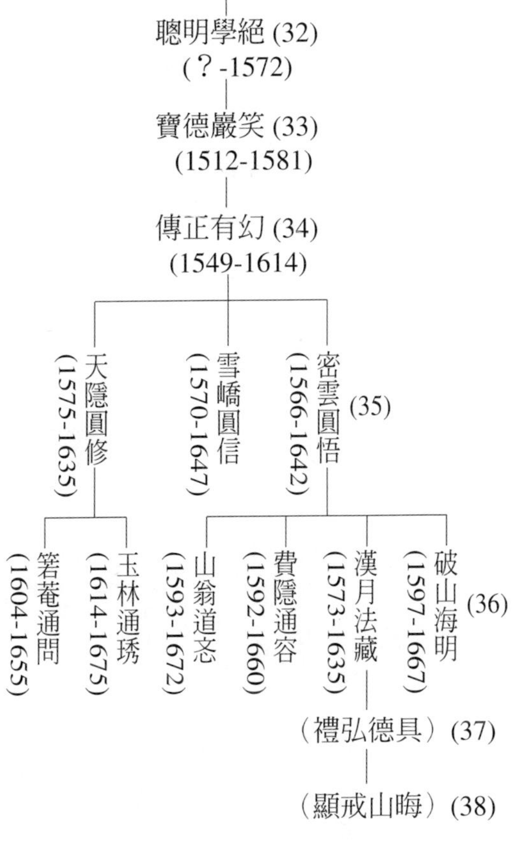

2. 曹洞系

少室宗書 (32)(1499-1566)

- 少室常潤 (?-1585) (33) — 大覺方念 (1547-1617) (34) — 湛然圓澄 (1561-1626) (35) — 麥浪明懷 (36)
- 廩山常忠 (1534-1588) — 無明慧經 (1548-1618)
  - 無異元來 (1575-1630) — 宗寶道獨 (1599-1660)
  - 永覺元賢 (1578-1657) — 爲霖道霈
  - 晦臺元鏡 (1577-1630) — 覺浪道盛 (1592-1659)
  - 見如元謐 (1579-1649)

3. 嗣法未詳諸尊宿：

(1) 徧融眞圓（1506-1584）
(2) 雲棲袾宏（1535-1615）
(3) 達觀眞可（1543-1603）
(4) 憨山德清（1546-1623）
(5) 聞谷廣印（1566-1636）

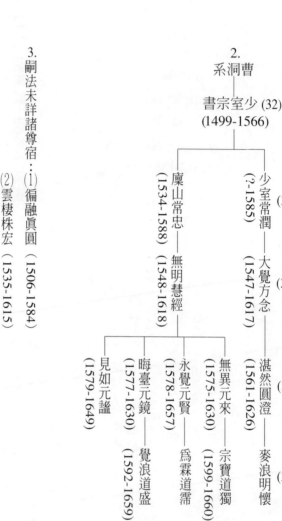

以上三系之中，除了具德弘禮及晦山戒顯兩人，用（　）符號，表示出於資料表的一百一十七人之外的附錄，其餘皆從資料表所錄的一百一十七人之中選出。共計三十三人，其中也不都是大師級的高僧，有的人是因在他們的弟子或孫弟子中，出現了偉大的高僧，故在溯及大師們的世系時，便得介紹他們，有的人則因他們留下了語錄等的文獻，所以被列入表中。不過不論如何，能被列入這三十三人之中的禪僧，無不具有代表性的意義。對於這些人物的事蹟和思想，將在稍後討論。

第四節　明末禪籍和禪者作述

在前面已說過，明末的禪者之中，有好多兼具文字的高深修養，不僅編撰禪籍，而且有不少禪者，留下了許多禪籍以外的文化遺產。當然，多數的禪者不會從事研究蒐羅等的文字工作，有些從事於禪籍的編修撰寫者，又不一定是被禪宗系統的傳承者視爲嫡裔。因此，我們要將明末寫成的禪籍，和明末禪者們的作述，分作兩個主題來討論：一是明末作成的禪籍，二是明末禪者的作述。明末撰集而成的禪籍，自西元一五九五年（明萬曆二十三年）至一六六二年（明亡後一年），經六十八個年頭，完成四類不同的書籍，現將其資料，分類整理成表如下：

（一）明末禪籍一覽表

1註、述、著、編、撰、集、輯

書名	卷數	年代	作者	性質	現存《卍續藏經》
禪關策進	1	1600	袾宏	輯	一一四冊
宗門玄鑑圖	1	1607	虛一	撰	一一二冊
博山參禪警語	2	1611	成正	集	一一二冊
永嘉禪宗集註	2	1622	傳燈	編註	一一一冊
五宗原附臨濟宗頌語	1	1628	法藏	著	一一四冊
溈山警策註	1	1634	大香	註	一一四冊
禪林寶訓音義	1	1635	大建	較	一一三冊
闢妄救略說	10	1638	圓悟、眞啟	編著	一一四冊
叢林兩序須知	1	1639	通容	述	一一二冊
禪林疏語考證	4	1644—1657	元賢	集	一一二冊
溈山警策句釋記	2	1660	弘贊	註	一一一冊
禪門鍛鍊說	1	1661	戒顯	著	一一二冊
慨古錄	1	不明	圓澄	著	一一四冊

書名	卷數	年代	作者	性質	現存《卍續藏經》
祖庭鉗鎚錄附宗門雜錄	2	不明	通容	著	一一四冊
千松筆記	1	不明	大韶	著	一一四冊
十牛圖頌	1	不明	胡文煥	著	一一三冊
普明禪師牧牛圖頌 附諸大禪師和頌	1	1662	如念空	集	一一三冊
小計 17種	33卷		17人		

2 明末編集之古德語錄

書名	卷數	年代	作者	性質	現存《卍續藏經》
溈山靈祐禪師語錄	1	不明	圓信、郭凝之	編集	一一九冊
仰山慧寂禪師語錄	1	〃	〃	〃	〃
洞山良价禪師語錄	1	〃	〃	〃	〃
曹山本寂禪師語錄	1	〃	〃	〃	〃
大法眼文益禪師語錄	1	〃	〃	〃	〃
雪峯義存禪師語錄	2	1639	林弘衍	編次	〃
小計 6種	7卷		3人		

3 明末諸禪師語錄

書名	卷數	年代	作者	性質	現存《卍續藏》
雲谷和尚語錄	2	不明	宗敬、道傑、性能、宗宂、祖祿	編	一二七冊
紫柏尊者全集	30	不明	德清	閱	一二六、一二七冊
紫柏尊者別集	4	不明	錢牧齋	纂閱	一二七冊
憨山大師夢遊集	55	不明	福善、通炯	日錄、編輯	一二七冊
無明慧經禪師語錄	4	1616	元賢	重編	一二五冊
湛然圓澄禪師語錄附宗門或問一卷	8	不明	明凡	錄	一二六冊
無異元來禪師廣錄	35	1643	弘瀚、弘裕	彙編、同集	一二五冊
晦臺元鏡禪師語錄	1	1636	道盛	集	一二五冊
永覺元賢禪師廣錄	30	1657	道霈	重編	一二五冊
見如元謐禪師語錄	1	1638	道璞	集	一二五冊
宗寶道獨禪師語錄	6	1620	今釋	重編	一二六冊
麥浪懷禪師宗門設難	1		許元釗	錄	一二七冊
小計 12種	177卷		18人		

4明末諸家禪宗史傳

書名	卷數	年代	作者	性質	現存《卍續藏》
指月錄	32	1595	瞿汝稷	集	一四三冊
八十八祖道影傳贊	4	1620	德清	述	一四七冊
建州弘釋錄	2	1629	元賢	集	一四七冊
教外別傳	16	1631	黎眉	集	一四四冊
禪燈世譜	9	1631	道忞、吳侗	編修、輯	一四七冊
居士分燈錄	3	1631	朱時恩	輯	一四七冊
佛祖綱目	42	1632	朱時恩	著	一四六冊
續燈存稿	12	1642	通問、施沛	編定、彙集	一四五冊
五燈會元續略	8	1645	淨柱	輯	一三八冊
繼燈錄	7	1650	元賢	輯	一四七冊
五燈嚴統	25	1653	通容	集	一三九冊
五燈嚴統解惑編	1	1653	通容	述	一三九冊
皇明名僧錄	1	不明	袾宏	輯	一四四冊
先覺宗乘	5	不明	圓信、郭凝之	較定、彙編	一四八冊

先覺集		2	不明 陶明潛輯	一四八冊
小計	15種	169卷	15人	
總計	50種	386卷	僧35人，俗11人，合計46人	

由以上四表的四十六位作者的名字考察，屬於本章「明末禪宗人物資料表」所收的，僅得十二人，其餘僧俗三十四人，除戒顯（註一）、淨柱（註二）二人之外，均未見於諸燈錄中明末清初階段的資料。現將諸燈錄中列名及無名者，分別介紹如下：

⑴列名於諸燈錄的禪籍作者：雲棲袾宏、密雲圓悟、雪嶠圓信、湛然圓澄、憨山德清、費隱通容、漢月法藏、山翁道忞、箬菴通問、永覺元賢、爲霖道霈、覺浪道盛、晦山戒顯、遠門淨柱。

⑵未列名於諸燈錄的禪籍作者：虛一、成正、傳燈、大香、大建、眞啟、弘贊、大韶、宗敬、道傑、惟能、宗屴、祖祿、福善、通炯、明凡、弘瀚、弘裕、道璞、今釋、如念空、胡文煥、郭凝之、林弘衍、錢牧齋、許元釗、瞿汝稷、黎眉、朱時恩、陶明潛、施沛、吳侗。

在上述的兩個名單中，前一項的十四位禪僧，均可找到關於他們的或多或少的傳記資料。後一項的三十二人之中，僅僅傳燈、弘贊、錢牧齋、瞿汝稷之四人，另有資料可考。從資料所見，傳燈是明末天臺學派的巨匠，弘贊的戒律學註釋很多，錢牧齋的《楞嚴經疏解蒙鈔》多達二十八卷，瞿汝稷《居士傳》卷四四介紹得相當詳細（註三）。

可見明末的禪籍，未必就是出於禪者之手，禪籍的作者，多半是禪門的子孫，但也有其他宗派的人，或者是不屬於任何宗派的人，只是不為弘揚佛法，為了保全史料的流傳。

另外，被諸燈錄的作者，視為禪者的人物，不論他們的嗣法系統是否明確，既有禪門的作略，便算作禪門的禪者。可是，他們的興趣範圍，有些人則不僅是活動於禪宗的園地，所以也有不少禪宗以外的著述。未被視為禪者而有禪籍傳世者，則不算是禪者。

又有曾經留下語錄，並被編集成書，收於《卍續藏》中的明末諸禪者如：法會、達觀、德清、慧經、圓澄、元來、元賢、元鏡、元謐、道獨、明懷等諸人之中，也有幾人留下了不少禪宗以外的其他作述。

依據如上的標準，得稱作明末的禪者，且有禪宗以外的作述傳世者，則有十一位，六十五種書。他們是：⑴袾宏十八種，⑵眞可六種，⑶德清十五種，⑷圓澄五種，⑸元賢六種，⑹法藏四種，⑺觀衡三種，⑻道霈五種，⑼通容一種，⑽今釋一種，⑾戒顯一種。其中以法嗣未詳的袾宏、眞可、德清、觀衡等四人，佔了全著作量的三分之二，共達四十二種。其次是曹洞宗的圓澄、元賢、道霈、今釋等四人，合計十五種。臨濟宗的通容、法藏、戒顯等三人，僅得六種。從此著作數量的統計，可以明白明末禪宗，雖然戶門的保持緊嚴，派系傳承之爭激烈，人才則多出於被視爲系外的諸師。臨濟宗的法藏，於身後被其法師圓悟痛斥，可能不僅爲了法藏的《五宗原》一書。此外法藏尚著有關於瑜伽施食及弘戒法儀的各兩種書，顯示他除了禪之外，也重於密教法門及戒法的弘揚。此與當時臨濟宗的諸師相較，是頗爲不同的。

禪籍之外的禪者著作，究竟是些什麼性質，不妨以統計方式列表顯示如下：

(二) 明末禪者禪籍以外作述種類資料表

書籍			人物											現存
作述類別	種數	卷數	尊宿				曹洞宗				臨濟宗			《卍續藏》冊數
			袾宏	眞可	德清	觀衡	圓澄	元賢	道霈	今釋	通容	法藏	戒顯	
《華嚴經》類	2	81	1		1									一三四冊 一二—一四冊

《法華經》類	3	9			2		1							四九冊、五〇冊
《圓覺經》類	1	2			1									一六冊
《楞嚴經》類	7	34	1		3	1	1	1						一九冊、二二冊、二三冊
《楞伽經》類	2	9			2									二五冊、二六冊
《涅槃經》類	1	36					1							五九冊
《金剛經》類	4	4		1	1	1		1						三九冊
《心經》類	9	9		4	1	1		1	1		1			四一冊、四二冊
《佛遺教經》類	1	1							1					五九冊
《四十二章經》類	1	1							1					五九冊
《阿彌陀經》類	3	6	3											三三冊
《仁王般若經》類	1	3							1					四〇冊
《金剛三昧經》類	1	4					1							五五冊
《思益梵天經》類	1	4					1							二三冊
《大乘起信論》類	1	2			1									七二冊
《百法明門論》類	1	1			1									七六冊
《八識規矩頌》類	2	2		1	1									九八冊

		共計27類	因果報應類	《肇論》	水陸儀軌類	瑜伽施食類	《溈山警策》	緇門崇行錄	高僧事略類	僧律類	梵網菩薩戒類	淨土·願文·放生
		65種	1	1	1	4	1	1	1	4	4	6
		269卷	4	6	6	5	1	1	1	10	11	16
尊宿	18種42卷				1	2		1	1		3	5
	6種6卷											
	15種123卷			1								
	3種12卷											
曹洞系	5種46卷											
	6種21卷									2		1
	5種7						1					
	1種1卷										1	
臨濟系	1種1卷											
	4種6卷					2				2		
	1種4卷		1									
			一四九冊	九六冊	一二九冊	一〇四冊	五九冊	一四八冊	一三四冊	三六冊、一〇六冊、一〇七冊	五九冊、九五冊	一〇八冊、一三五冊

中國禪宗史上的禪者之中，雖也有不少人是博通經教的，但是，能夠留下語錄及書簡等短篇文集之外，還有經論註釋及系統性著作者，實不多，像天臺智顗、清涼澄觀、圭峯宗密、永明延壽之流，固不多見，即如永嘉玄覺、佛果圜悟、大慧宗杲之流亦不多見。然而，能爲後世學者作借鏡者，就是需要這一類的人。由於禪者的生活，重在實際，不重理論，主張簡樸，不事文飾，主張直截了當，不喜轉彎抹角的邏輯形式，所謂不立文字，所謂竹杖芒鞋孤僧萬里，切實把住心關，牢牢看住話頭，就夠了。至於經教的討究、文字的運用，非在不得已時，用作接眾的方便之外，禪者們是不屑去做尋章摘句等工作的。因此，到了明末之際，禪者之中，竟有如許人物，留下了如許多的禪宗以外的作述，不能不算是稀有的現象。涉及的經律論三藏教典，涵蓋了空有性相諸系，乃至也旁及密乘，重視大小戒律，袾宏強調「崇行」，弘贊推行《溈山警策》，圓澄撰《慨古錄》，在在顯示著明末的禪者們，已不是僅以話頭公案及機鋒對答爲滿足，而在把佛法恢復到戒、定、慧三學兼顧的本來面貌。

雖然，明末禪者的作述家中，仍以不自限於一門一戶的所謂「尊宿」們的著述量爲多，然在曹洞宗的圓澄，著有五種四十六卷，涉及的範圍有《法華經》、《涅槃經》、《楞嚴經》、《思益經》、《金剛三昧經》等五種經典，已不是一位尋常禪師的心量。元賢以經、律、淨土並重，禪者重教扶律並且勸修淨土業，也可說明了當時禪風的一斑。臨濟宗雖僅得法藏、通容、戒顯三人，著述量也不多，但他們注意到了戒律的弘揚、密法施食的儀軌、因果報應的事蹟等。可見當時的中國禪宗，已受蒙藏喇嘛教的重大影響，所以也採取密法施食的儀軌，同時當時的禪者，大多失於浮誇，若不強調戒律的生活，便會失去了僧人之所以爲僧人的形象（註四）。

註解

註　一　《正源略集》卷九，收有晦山戒顯的資料（《卍續藏》一四五·四〇二頁）。

註　二　《正源略集》卷七（《卍續藏》一四五·三七七頁）。

註　三　（一）無盡傳燈（西元一五五四——一六二七年）的資料見於《法華經持驗記》卷下（《卍續藏》一三四·四七四頁）、《淨土聖賢錄》卷五（《卍續藏》一三五·一四九——一五〇頁），他是天臺宗的學者，亦以永嘉玄覺先學天臺，故爲《永嘉集》作註。

（二）在犙弘贊（西元一六一一——一六八一——？年）的傳記資料不詳，僅知他除了《溈山警策句釋記》之外，尚作有《梵網菩薩戒略疏》八卷、《四分戒本如釋》

十二卷、《式叉摩那尼戒本》一卷、《四分律名義標釋》四十卷（以上均見於《卍續藏》）。可知其爲律宗學者。

（三）錢牧齋（西元一五八二—一六六二年）字謙益，未見於明末的《居士傳》，見於《明史》卷三〇八列傳一九六〈奸臣列傳〉周延儒及溫體仁條下。其著作甚多，請參考聖嚴的日文論文《明末中國佛教の研究》七八頁。

（四）瞿汝稷，參考《居士傳》卷四四（《卍續藏》一四九．九五七頁）。

註　四　明末禪者的流弊，參閱拙論《明末中國佛教の研究》六八—六九頁。

第五節　明末禪者的傳記資料

要想明瞭明末的禪者，僅從他們所留下的一些語錄片段之中考察，是不夠的，應該查考他們的傳記資料。本章第一節所提供的「明末禪宗人物資料表」，是依據撰成於西元一六四二年至一七九四年之間的九種燈錄類書籍，顯然那些已經不是第一手的傳記資料。可是，如今尚能求得其第一手傳記資料的禪者，已經不多。根據筆者手邊所得，可見者有十六位，包括了他們的傳、行實、行狀、塔銘序、行業記等，現以表格方式，介紹如下：

（一）明末禪者原始傳記資料表

編號	人名	年代	資料名稱	作者	現存
1	雲谷法會	1500-1579	雲谷先大師傳	憨山德清	《憨山大師夢遊集》（略稱《夢遊集》）卷三〇，《卍續藏》一二七・六三三—六三四頁
2	廩山常忠	1534-1588	常忠禪師傳	覺浪道盛	《卍續藏》一二五・八九—九一頁
3	雲棲袾宏	1535-1615	1.雲棲塔銘	憨山德清	《夢遊集》卷二七，《卍續藏》一二七・五九六—六〇〇頁
			2.雲棲塔銘	吳應賓	《雲棲法彙》卷末
			3.雲棲行略	廣潤	《雲棲法彙》卷末
4	達觀眞可	1543-1603	1.紫柏眞可傳	陸符	《紫柏尊者別集》附錄，《卍續藏》一二七・一四五—一五〇頁
			2.可禪師塔銘	憨山德清	《夢遊集》卷二七，《卍續藏》一二七・五九〇—五九六頁

5	憨山德清	1546-1623	1. 憨山大師傳	陸夢龍	《夢遊集》卷五五，《卍續藏》一二七・九八九—九九三頁
			2. 自敘年譜	福善 通炯	《夢遊集》卷五三，《卍續藏》一二七・九四六—九七七頁
			3. 憨山大師塔銘	吳應賓	《夢遊集》卷五五，《卍續藏》一二七・九七八—九八五頁
			4. 憨山大師塔銘	錢謙益	《夢遊集》卷五五，《卍續藏》一二七・九八五—九八九頁
6	無明慧經	1548-1618	1. 無明經禪師塔銘	憨山德清	《夢遊集》卷二八，《卍續藏》一二七・六〇二—六〇六頁
			2. 無明和尚行業記	永覺元賢	《永覺元賢禪師廣錄》卷一五，《卍續藏》一二五・五七五—五七八頁
			3. 鶴林記	同上	同上五七八—五七九頁

7	湛然圓澄	1516-1626	1. 澄禪師塔銘	陳懿典	《湛然圓澄禪師語錄》卷八，《卍續藏》一二六・三〇九—三一〇頁
			2. 澄禪師塔銘	陶奭齡	同上三一一—三一三頁
			3. 澄禪師行狀	丁元公	同上三一三—三一六頁
8	聞谷廣印	1566-1636	塔銘序	永覺元賢	《永覺元賢禪師廣錄》卷一八，《卍續藏》一二五・六〇九—六一二頁
9	無異元來	1575-1630	1. 博山和尚傳	劉日杲	《無異元來禪師廣錄》卷三五，《卍續藏》一二五・三八八—三九二頁
			2. 塔銘并序	吳應賓	同上三九二—三九七頁
			3. 衣鉢塔銘有序	永覺元賢	《永覺元賢禪師廣錄》卷一八，《卍續藏》一二五・六一二—六一五頁
10	晦臺元鏡	1577-1630	塔銘并序	黃端伯（元公）	《晦臺元鏡禪師語錄》卷末，《卍續藏》一二五・八六—八九頁

11	永覺元賢	1578-1657	1.元賢禪師行業曲記	林之蕃	《永覺元賢禪師廣錄》卷三〇，《卍續藏》一二五・七八三—七八八頁
			2.永覺老人傳	潘晉臺	同上七八八—七九二頁
12	見如元謐	1579-1649	行實	鄧來沙	《見如元謐禪師語錄》卷末，《卍續藏》一二五・一〇五—一〇八頁
13	顓愚觀衡	1579-1648	1.爪髮衣鉢塔誌銘	蕅益智旭	《靈峯宗論》卷八
			2.祭文	同上	同上
14	宗寶道獨	1599-1660	1.長慶老和尚行狀	函昰	《宗寶道獨禪師語錄》卷六，《卍續藏》一二六・一六九—一七一頁
			2.獨和尚塔銘	錢謙益	同上一七一—一七三頁
15	爲霖道霈	1615-1702	旅泊幻蹟	自撰	《爲霖道霈禪師還山錄》卷四，《卍續藏》一二五・九七四—九七九頁
16	晦山戒顯	?-1644-1671-?			參考其所著《現果隨錄》，《卍續藏》一四九冊

以上十六人的傳記資料，已經相當不少，其中有九人都有二種以上的資料，袾宏、德清、慧經、圓澄、元來，均有三種以上，尤其是德清，除了自敘年譜，尚有陸夢龍作傳、吳應賓及錢謙益作塔銘，所以他的資料最豐富。

從這些文字的作者而言，不是佛門的尊宿大老，即是公門的高官名士。出於憨山德清之手者有四篇，永覺元賢也有四篇，吳應賓爲其中三人作塔銘，錢牧齋謙益居士，爲其中二人作行業記或塔銘。可見此四位作者，對明末佛教的史料提供方面，有很大貢獻。明末禪者替他人寫作傳記及塔銘最多的，也是憨山德清，在他的《憨山大師夢遊集》（略稱《夢遊集》）中，所收的僧俗塔銘，達三卷二十二人，傳記一卷七人。每一篇傳記資料，都說明著某一個人；每一個人的傳記資料，都說明著他所代表的時代形態。所以，這些資料，可以當作史料看，也可當作思想及修持的方法，來給後人參考，對後人產生見賢思齊的鼓勵及引導的作用。

在以上所舉十六人的資料中，使我們知道，其中至少有三位，是考過功名上過榜的所謂士子出身，那就是雲棲袾宏（註一）、永覺元賢（註二）、晦山戒顯（註三）。憨山德清雖未赴試，而他自八歲起即讀詩書，至十九歲時，他的「同會諸友，皆取捷」，亦有人勸其赴試者，他卻即在那年「決志做出世事，即請祖翁披剃」，做參究工夫的和尚去了（註四）。達觀眞可於出家前的十七歲時，亦曾有「願立功名」之志（註五）。晦臺元鏡的塔銘中也說他於七歲時，即習詩書，並且「慕姚江良知之學」（註六）。無明慧經的行業記中說，他是九歲即入鄉校，至十八歲「棄筆硯，欲卜隱」，結果便走上了出家的路（註七）。

我們必須明白，中國雖是文明古國，在西元十六世紀的明末時代，讀書並不是全民都可做得到的事，更可說只有有志於功名的人，才可能有十年寒窗的讀書生活。然在資料中告訴了我們，明末的禪僧之中，竟有許多飽讀詩書的人。也可以說，明末禪宗的隆盛，與當時禪僧的教育程度，有密切的關係。

註解

註　一　依據他的兩篇塔銘及一篇行略，都說他：「年十七，補邑庠，試屢冠諸生，以學行重於一時，於科第猶掇之也。」（見《雲棲法彙》末卷）

註　二　林之蕃的《永覺賢公大和尚行業曲記》云：「師初名懋德字闇修，爲邑名諸生，嗜周、程、張、朱之學。」（《卍續藏》一二五．七八四頁）

註　三　戒顯於其所著的《現果隨錄》卷一有云：「戒顯曰：公係余諸生時業師也。」（《卍續藏》一四九．四九九頁）

註四　見於《憨山老人自敍年譜實錄》卷上（《卍續藏》一二七・九四七—九四九頁）。

註五　《卍續藏》一二七・一四五頁。

註六　《卍續藏》一二五・八七頁。

註七　《卍續藏》一二五・五七五頁。

第六節　明末禪者的法派諍議

明末的禪者之中，重視法派傳承的，是屬於臨濟派下密雲圓悟一系。從漢月法藏的《五宗原》序，知道當時有人「抹殺五家宗旨，單傳釋迦拈花一事，謂之直提向上」（註一）。所以法藏作《五宗原》以證明五家宗旨，均符於威音佛以來的法印。法藏的嗣法師密雲圓悟，見到法藏的五家宗旨，是建立在沒有典據可考的威音佛的一「○」相，認爲「佛法的大意，豈不爲漢月法藏所混滅」（註二），因此而作《闢妄救略說》十卷，找出世代親承的法脈，把禪宗單傳嫡承化，自過去七佛、西天二十八祖、東土六祖、南嶽懷讓下三十四世，計印度、中國共六十七人（註三），最後一人便是密雲圓悟。嗣後，有其弟子費隱通容撰《五燈嚴統》，目的也在於清理門戶，整頓法派的混亂（註四），杜絕假冒，所謂遙嗣、私淑、自悟等的流弊。到了法藏的弟子靈巖弘儲，又編《南嶽單傳記》，每世僅錄一人，至他本人則稱「第六十九祖衡州南嶽般若寺退翁弘儲禪師」（註五）。這種態度有好的一面，也有不良的一面。好是好在師師相承，心心相印，防止「承虛接響」的僞妄之徒，假佛法之名，行魔業之實。不良的則在爲了爭執法派的旁嫡，可能自我尊大而蔑視其他，將自以爲不是正統主流之內的人，一律視作歧出的旁派。至於自認爲是嫡派傳人的人，他們的修證經驗又可靠到高深到什麼程度？也是不能沒有疑問的。在代代傳承的過程中，只要有一人以佛法做了人情，爲了維持門庭，或熱鬧門庭，輕許了乃至僅僅一個人的話，以後的傳人，便成以盲引盲。因此，明末之世，對於法派的看法，分成了堅持和開明的兩個陣容。

現在且將筆者所見明末禪者們，對於法派的看法，分作臨濟宗、曹洞宗、尊宿的三類，舉例介紹如下。

（一）臨濟宗徒的意見

1 漢月法藏的意見（出於《五宗原》）

(1)評「密傳宗旨」云：「日昔時有燒香煉頂，密傳宗旨者，大慧一榜揭出，以破狐技。……若夫法法自明，心心相印者，豈若室中密授之死法子耶？蓋傳宗

旨者，不悟宗旨者也。」（《卍續藏》一一四・二〇一頁）

(2)承認「古今相印」云：「今古心心，如覿面相印。復檢其法嗣，未有續之者，因願遙嗣其宗旨。而現在（臨濟）法脈，則傳笑巖之後焉。」（《卍續藏》一一四・二〇五頁）

(3)評「旁岐之說」云：「明初幾希殘燼，至於關嶺，而及笑巖，其徒廣通公者，自因不識正宗，妄以蠡測，乃序《笑巖集》，遂云：『曹溪之下，厥旁岐縱橫肆出。厥奇名異相，涯岸各封，以羅天下學者。』因誣其師，爲削去臨濟，不欲承嗣。將謂截枝泒流，以復本原，另出名目曰『曹溪正脈』，其說一唱，人人喜于省力易了，遂使比年已來，天下稱善知識者，競以抹殺宗旨爲眞悟。」（《卍續藏》一一四・二一三頁）

2 費隱通容的意見（出於《五燈嚴統》凡例）

(1)主張「面稟親承」云：「從上佛祖相傳，靡不面稟親承，必有源流表信。厥後五宗蔚起，千枝競秀，而師承的據，奕葉昭彰，夫是之謂統也。統屬道脈收關，豈容纖毫假借。」（《卍續藏》一三九・五頁）

(2)不許「私心遙續」云：「唯是當機契證，親承記莂者，方譜傳燈。若去聖時遙，從其語句觸發者，斷不容以私心遙續。玄策云：『威音以後，無師自悟，盡屬天然外道。』故永嘉已徹，猶參叩於曹溪；覺範既悟，必受印於眞淨。良以師承之不可已也。如薦福古，去雲門百有餘載，而妄稱其嗣，寂音呵之。近世雪嶠信，倣其陋轍，亦嗣雲門，是以私意爲師承，而天下後世，將焉據乎？……故以兩家，並列於未詳法嗣。」（《卍續藏》一三九．六頁）

(3)不許「代付代證」云：「近見《五燈續略》，以普明用，嗣興善廣。殊不知興善未嘗得法於車溪，而普明何由得法於興善乎？蓋因車溪逝世，衲衣爲古卓所藏，而卓代付於興善。居無何，善故而衣亦不傳，置諸施菴久矣。嗣後普明持衣至金粟，求密老人代付。老人云：『與麼，則吾宗掃地矣！』明復持歸，乃請石雨代證。嗚呼！代付者果屬作家，何不當機面印？既非具眼，又不知安所取重耶？」（《卍續藏》一三九．六—七頁）

(4)許曹洞宗爲「世系相承」而非「宗眼相印」云：「曹洞宗派，考諸世譜，止於青原下十六世天童淨耳。……然天童下至大覺，姓氏猶存者，以其（天童下）十八世後，有崛起之賢，俾曹洞一宗，絕而復續。則此一十八世，雖非宗眼相印，實爲世系相承，故削其機語，以嚴佛法之防，姑存其人，以紀世系所自爾。」（《卍續藏》一三九．七頁）

(5)檢校曹洞宗明末之傳承云：「近代尊宿，崛起洞宗，如壽昌（慧）經、雲門（圓）澄，固是明眼作家。第壽昌之嗣廩山（常忠），雲門之嗣大覺（方念），似覺未妥；廩山從事異教，曾自壽昌親聞，暨薙髮後，未聞參悟也；即大覺亦傳帕之儔耳。二老傑出宗匠，何曾得法于本師。……若有可據，當時二老，必爲拈出，何當時無聞而今日始見耶？」「壽昌法嗣，僅者博山元來，如元鏡、元謐、元賢等，未承付囑，諸方共聞。」（《卍續藏》一三九・七頁）

以上所舉臨濟宗的兩人所見，法藏與通容，頗有出入，此兩人雖都是圓悟的嗣法弟子，解見則不盡同。法藏反對密傳密授的死法子，主張「法法自明」與「心心相印」，這是對於形式主義者的攻擊。他也認可古今遙嗣，不一定要師師對面相印，所以也不贊成將法嗣不明或斷而復續者視爲旁歧。至於通容，則對「面稟親承」的原則，把守得非常牢固，這也正是密雲圓悟編撰《闢妄救略說》的態度。通容也不許今古遙嗣之說，故對他的長輩雪嶠圓信，私意師承雲門之法，視爲「陋轍」。此即爲明末禪宗鬧成軒然大波的所謂「濟雲鬪諍」（註六）。他也不允許代他人付法傳衣，有人找到圓悟，圓悟峻然拒絕，後來找到圓澄的弟子石雨明方，便代做了這樁事，因此連同明方的是否眞明眼人，也被通容否定了。根據通容的查考，曹洞宗到了青原下第十六世的天童如淨（西元一一六三——一二二八年），便中絕了，所以在西元十三世紀往後的曹洞宗，雖然仍在傳承，卻不是實質的「宗眼相印」，僅是形式的「世系相承」。因此也連帶著論及明末曹洞宗的禪者，在通容看來，無明慧經及雲門圓澄二大老，雖是「明眼作家」，他們兩人的兩位本師，則頗有議論之點。再及慧經門下，有四位法嗣，並且均有語錄傳世，但從通容所得資料看來，只有元來一人，承受了付囑。

若從法藏的觀點而論，曹洞宗的代代相承，固有其問題，臨濟宗也未嘗沒有同樣的問題，否則他便不致於作《五宗原》。若從圓悟及通容的觀點而言，他宗絕嗣乃爲史實，臨濟本宗則從未發生過法脈中斷的現象。這是公平和可能的嗎？所謂「臨濟兒孫滿天下」，是不是代表著此宗的永遠性呢？

（二）曹洞宗徒的意見

1湛然圓澄的意見（出於《宗門或問》）

(1)悟後不一定求人印證：「本分自心，如能得悟，豈有更欲求人證許方乃消疑耳。如玄沙出嶺參禪，偶傷足指，作念云：是身無我，痛從何來，是身是苦，畢竟無生，休休。遂回雪峯，峯問曰：『備闍黎何不遍參去？』沙答曰：『達摩不來東土，二祖不往西天。』峯然其語，不聞玄沙欲求人印證也。寶壽隔江見歸宗，宗以扇招之，壽則橫趨而去，宗復召之，壽竟不回顧。寶壽胡不過江求證。

……大丈夫漢當自強其道，豈愁無人印證，況祖師機緣、語錄、備載方冊，皆可鏡心。」（《卍續藏》一二六．三二二頁）

(2)無師不妨修證：「彼時有師，不求印證者固非也，此時無師而必欲學（求）者，亦非也。空劫無佛可也，末法無師亦可也。」「如獲眞正悟明，然後考諸方冊，了了無疑，如鏡照鏡，似心合心，豈有不知其時者哉。」（《卍續藏》一二六．三二二——三二三頁）

2無異元來的意見（出於《無異元來禪師廣錄》卷二三）

(1)曹洞宗與臨濟宗此傳彼絕：「洞山五傳至大陽玄，玄寄直裰皮履於遠公處，而得投子青，青得芙蓉楷，楷得丹霞淳，淳得長蘆了，了得天童珏，珏得雪竇鑑，乃至（明朝）國初，萬松秀，雪庭裕，展轉相傳，至我壽昌先和尚，實曹洞正傳，其源深流遠如此。臨濟至風穴，將墜於地，而得首山念，念得汾陽昭，昭得石霜圓，中興於世。至（明朝）國初，天如則，楚石琦，光明烜赫，至於天奇絕。」（《卍續藏》一二五．二八七頁）

(2)嗣絕道眞無傷大法：「蓋宗乘中事，貴在心髓相符，不獨在門庭相紹，故論其絕者，五宗皆絕，論其存者，五宗皆存。果得其人，則見知聞知，先後一揆，絕何嘗絕。苟非其人，則乳添水而味薄，烏三寫而成馬，存豈眞存。……所

112-44

台北市北投區公館路186號5樓

法鼓文化

讀者服務部 收

廣 告 回 函
台灣北區郵政管理局登記證
北台字第11073號
免 貼 郵 票

寄件人：　　□先生 □小姐

地址：　　市 縣　　區鎮 市區　　路街 段 巷 弄 號 樓

讀者服務卡

感恩您對法鼓文化產品的支持。為了提供更好的服務，請您回覆以下的問題並直接寄回法鼓文化。我們非常重視您的想法，因為您的建議將是我們進步的原動力！

＊是否為法鼓文化的心田會員？ □是 □否

＊□未曾 □曾經 填過法鼓文化讀者服務卡

＊是否定期收到《法鼓雜誌》？ □是 □否，但願意索閱 □暫不需要

＊生日：________ 年________ 月________ 日

＊電話：(家) ________________ (公) ________________

＊手機：____________________

＊E-mail：__________________________

＊學歷：□國中以下□高中 □專科 □大學 □研究所以上

＊服務單位：__________________________

＊職業別：□軍公教 □服務 □金融 □製造 □資訊 □傳播

□自由業 □漁牧 □學生 □家管 □其它 ________________

＊宗教信仰：□佛教 □天主教 □基督教 □民間信仰 □無 □其它______

＊我購買的書籍名稱是：______________________________________

＊我購買的地點：□書店____縣/市____書店 □網路____ □其它____

＊我獲得資訊是從：□人生雜誌 □法鼓雜誌 □書店 □親友□其它____

＊我購買這本(套)書是因為：□內容 □作者 □書名 □封面設計□版面編排

□印刷優美 □價格合理 □親友介紹

□免費贈送 □其它____________________

＊我想提供建議：____

□我願意收到相關的產品資訊及優惠專案 (若無勾選，視為願意)

法鼓文化 TEL:02-2893-1600 FAX：02-2896-0731

以寧不得人，勿授非器。不得人者，嗣雖絕而道眞，自無傷於大法。授非器者，名雖傳而實僞，欺於心，欺於佛，欺於天下。一盲引眾盲，相牽入火坑。」（《卍續藏》一二五·二八七—二八八頁）

依據圓澄的看法，若是眞參實悟者，有師印證固好，無師印證亦無妨證悟，因爲證悟是自家心中事，如果眞悟，有師印證或無師印證，都是一樣，何況從上的諸祖，留有機緣語錄，載於禪籍，可以用來自鏡其心，若能有如鏡照鏡的光明透徹之感，即似此心合於古代祖師之心了。這種見解，實即承認可以今古遙嗣的。此在臨濟宗的圓悟及通容師徒的看法，是絕不許可的。

至於元來的看法，明言臨濟法嗣，至風穴，將墜於地，至於天奇便中絕了。一如通容說曹洞宗傳至如淨便止的論調相同，而其自宗曹洞法脈，直至他自己，乃是源深流遠的正傳。洞濟兩宗的彼此輕重，於此可見一斑。唯其主張，若不得人，寧可絕嗣，保其道眞而法純。不當爲了門庭熱鬧而把冬瓜印子送人情，那是自欺欺人的事，也是製造以一盲引眾盲的大壞事。

（三）尊宿的意見

1 達觀真可嗣德不嗣法

眞可在其〈祭法通寺徧融老師文〉中，敘述他參徧融，問答機緣的經過，但他卻說：「出世法中，有戒嗣焉，有法嗣焉。予於徧老之門，未敢言嗣。若所謂德，則此老啟迪不淺，焉敢忘之。」（《卍續藏》一二六．八八八頁）

2憨山德清的意見

(1)評臨濟法系：「臨濟一派，流布寰區，至宋大慧，中興其道，及（明朝）國初，楚石無念諸大老，後傳至弘正末，有濟關主，其門人爲先師雲谷和尚，典則尚存。五十年來，師絃絕響，近則蒲團未穩，正眼未明，遂妄自尊稱『臨濟幾十幾代』。於戲，邪魔亂法，可不悲乎？予以（達觀）師之見地，誠可遠追臨濟，上接大慧，以前無師派，未敢妄推。」（〈達觀可禪師塔銘〉，《卍續藏》一二七．五九五頁）

(2)評禪道下衰與法系蔑如：「傳燈所載諸祖法系，惟以心印相傳，原不以假名爲實法也。嗟乎！禪道下衰，眞源漸昧。自達摩西來，六傳曹溪，一法不立。及五宗分派，蓋以門庭設施不同，而宗旨不異。及宋而元，燈燈相續，至我明國初，尚存典型，此後宗門法系蔑如也。以無明眼宗匠故耳。其海內列刹如雲，在在僧徒，皆曰本出某宗某宗，但以字派爲嫡，而未聞以心印心。」（〈焦山法系序〉，《卍續藏》一二七．五〇一頁）又云：「自後禪林日衰，師資口耳。天下叢林，但於開山之祖原系某宗下，各尊爲鼻祖。以五家獨臨濟道遍天下，故海內梵刹多推之，特世諦流布，其來尚矣。」（〈續華岳寺法派系序〉，《卍續藏》一二七・五〇〇頁）

3 蕅益智旭的意見

(1)評法名及法派：「出世至親莫如法道，法道本離名相，豈以名字爲派哉？」「憍陳如、大迦葉、目犍連等，皆俗氏也。阿難陀、莎伽陀、阿那律等，皆俗名也。出家證果，當時咸以此稱之，後世亦以此傳之。然則，別命法名，已非律制矣，況法派乎？」（《靈峯宗論》卷五之三〈法派稱呼辯〉）

(2)道不可傳，但可見知聞知：「謂之曰見知聞知則可，謂以是相傳，可乎哉？」「或曰：佛祖之道，必師資授受，方有的據，否則法嗣未詳，終難取信。無名子應之曰：……今之雖乏師承，能自契合佛祖心印者，亦奚不然？……且子又不聞：有師資具足，皆不足齒及乎？」（《靈峯宗論》卷五之三〈儒釋宗傳竊議〉）

以上三家，蕅益智旭雖未被禪宗視爲禪者，但他對於禪宗所爭執的法系問題，既有他的看法，就應該一併介紹出來。

達觀眞可有他在禪境上的證悟經驗，並且以偏融爲其老師，有過機緣的對話。但他卻抱著「嗣德不嗣法」的態度。他未必反對嗣法的觀點，只是他並不重視嗣法的形式。

憨山德清在原則上承認法系的作用，並且他也以作爲雲谷法會的弟子自居（註七），卻不以臨濟法派的傳承者自許。而且抨擊明末臨濟宗人，在蒲團未坐穩、正眼尚未明時，便妄自亂稱臨濟宗的幾十幾代了。那不是由以心印心的師資相承，而是由於所住寺院的開山祖師隸屬何宗何派，該寺住眾也就成了何宗何派，那不是流傳佛法，而是當作世法來子孫相接的。

蕅益智旭不僅不贊成傳法之說，也不贊成法名及法派的形式。並且有與元來的主張相同之處，那便是「見知聞知」，而不必有師師相傳的形式。同時他看到的明末禪者之中，竟然有不少人雖然禪的師資具足，在心行方面，還有不足齒及者。相反地，有些法嗣未詳的人，倒是契合佛祖之心的。故在以上介紹的三系七個人之中，以智旭所持反對法系觀念的態度，最爲堅固。

註解

註　一　《卍續藏》一一四・二〇一頁。

註　二　《卍續藏》一一四・二一九頁。

註　三　印度的第二十八祖，即是中國禪宗的初祖菩提達摩，所以只有六十七世。關於二十八祖之說，在歷史的考證上，頗有討論的餘地。參考忽滑谷快天的《禪學思想史》上卷二八三—二九三頁。

註 四 （一）《五燈嚴統》吳曹勳序云：「禪有禪統，即宗分五派，無非紹震旦之初燈，然不面證，一堂未許稱傳衣之法嗣，乃有承虛接響。偶以私淑，因而暗易呂嬴。甚者竊玉操戈，漫拾唾餘，幾至叛同楊墨。」（《卍續藏》一三九．一頁）

（二）《五燈嚴統》韋成賢序云：「粵聞宗法之傳，旁門歧路，在所必嚴。旁歧一出，不惟冒假遙嗣，成竊玉假雞之謬。……不知宗法，有源有委，有支派嫡。……若云無師自悟，此更妄中之妄。」（《卍續藏》一三九．一—二頁）

註 五 《卍續藏》一四六．九五〇頁。《南嶽單傳記》一卷收於《卍續藏》一四六．八九三—九五二頁。

註 六 蕅益智旭於「復錢牧齋」的書簡中說：「濟、雲門諍，不啻小兒戲。」（《靈峯宗論》卷五之二）

註 七 德清對法會的師資關係，有兩處表現：

（一）〈達觀可禪師塔銘〉中有云：「先師雲谷和尚」句（《夢遊集》卷二七，《卍續藏》一二七．五九五頁）。

（二）《夢遊集》卷三〇有篇〈雲谷先大師傳〉（《卍續藏》一二七．六三三頁）。

第七節　明末禪者的修證經驗

禪宗脫胎於印度佛教的瑜伽師，瑜伽師重視禪觀的修行，禪宗則重視自心光明的開發，兩者都是著眼於自內證的經驗，則爲共同的原則。如果脫離了修證經驗，而談法脈的傳承，便是笑話了。中國禪宗，目的不在於定或通的修得，而在智慧的顯現，至於如何達成此一目的，那便是禪宗的修證方法，有關修證方法的問題，留到下節討論，現在先介紹明末禪者們的修證經驗。

禪者的修證經驗，便是「省」及「悟」的過程及其現象。禪宗的公案，大多即是敍述歷代禪師們自己省悟以及省悟其弟子的事例。每一位禪者從修行中得到較深較大的省悟經驗之後，便是另一個新公案的出現。不過在諸燈錄類的禪籍之中，不一定每一位被列名的禪者，都會留下可資傳誦的公案，多半是千篇一律地公式化了、概念化了，毫無特殊性及新鮮感。即以本文所舉明末清初的一百一十七位禪者而言，能有修證經驗的資料可據者，實在有限。今再從有限的資料中，選取具有代表性的幾位大德，作爲本節的內容。

當然，明末之際，禪宗的人才輩出，堪稱爲中國近世佛教的中興時代，那也決計不僅由於明末禪僧的教育程度較深，或文化水準較高，實則是由於他們之中的傑出人物，都有相當深厚的宗教經驗或省悟的境界，所以既能弘化於當時，也能影響及後世。現在利用若干篇幅，依據傳記資料，將明末傑出禪者的省悟經過，以他們的年代先後爲序，介紹如下：

（一）臨濟宗禪的省悟

年代	人名	省悟經過	資料
1500-1579	法會	師往參叩（法舟道濟）禪師，呈其所修。舟曰：「學道必以悟心爲主。」師悲仰請益。舟授以念佛審實話頭，直令重下疑情。師依教日夜參究，寢食俱廢。一日受食，食盡亦不自知，碗忽墮地，猛然有省，恍如夢覺。復請益舟，乃蒙印可。閱《宗鏡錄》，大悟唯心之旨，從此一切經教，及諸祖公案，了然如覩家中故物。	《夢遊集》卷三，《卍續藏》一二七·六三二頁
1512-1581	德寶	謁無聞（明）聰，舉從前所見，皆印可之。忽碓房杵聲，即舉以驗。師隨答之。聞曰：「汝之所得正矣。」翌旦入室，倏問：「上座許多絡索，向甚處去？」師擬對，聞笑曰：「鷂子已過新羅國。」遂問：「十聖三賢，已全聖智，如何道不明斯旨？」聞厲聲曰：「十聖三賢爾已知，如何是斯旨？速道。」師下語不契。一日洗菜，忽一莖菜墮	《五燈嚴統》卷二四，《卍續藏》一三九·一〇一一頁

生卒年	人物	內容	出處
1512-1581	德寶	水，逐水圜轉，捉不著，師有省，喜躍攜籃歸。聞見問曰：「是甚麼？」師曰：「一籃菜。」曰：「何不別道一句？」師曰：「請和尚別問來。」……聞問：「人人有箇本來父母，子之父母今在何處？」師曰：「一火焚之。」曰：「怎麼則子無父母耶？」師曰：「有則有，只是佛眼覷不見。」曰：「子還見麼？」師曰：「若見則非眞父母。」曰：「善哉。」師呈偈曰：「本來眞父母，歷劫不曾離；起坐承他力，寒溫亦共知。相逢不相見，相見不相識；爲問今何在，分明舉似師。」聞曰：「如是！如是！」	
1549-1614	正傳	十九歲荊州顯親寺祝髮。嘗燃頂發願曰：「若不見性明心，誓不將身倒席。」一夕聞燈花爆聲，有省。參笑巖（德寶），方具述所以，巖忽趯出隻鞋曰：「向這裏道一句看。」師茫然。通夕不寐，明晨猶佇立簷下。巖見喚師，師回顧，巖翹足作修羅障日月勢，師豁然。	同上條一〇一四—一五頁
1566-1642	圓悟	生而凝穆，長事耕穫，見柴堆突露面前，有省。二十九歲，安置家室，依龍池（正傳）祝髮。喜兀坐，二六時中，看得心境兩立，與古人天地同根、萬物一體話頭，未能契合。因請益池，池曰：「汝若到這田地，便乃放身倒臥。」師益昏惑。一日過銅棺山，豁然大悟。	同上條一〇一六頁

		叩（正傳），傳瞪目直視，雜以詢罵，慚悶成病，二七日，汗下乃蘇。服勞四載，始納僧服，掩關千日，矢明此事。傳屢加勘驗，終不許可。師亦自審，一似有物，昭昭靈靈，卒未泯懷。如是六載，秋日過銅棺山，豁然大悟。忽覺情與無情，煥然等現，大端說似人不得。正大地平沈境界，從前礙膺，渙然冰釋。	《揞黑豆集》卷五，《卍續藏》一四五・九一三頁
1575-1635	圓修	依龍池剃染，參「父母未生前」話，偶展《楞嚴》，見佛咄阿難，「此非汝心處」，有所證入。後閱古今因緣，一一透露。至僧問乾峯「十方薄伽梵」話，未免疑滯，力參兩載，忽聞驢鳴，大徹。偈曰：「忽聞驢子叫，驚起當人笑；萬別與千差，非聲非色鬧。」	《五燈嚴統》卷二四，《卍續藏》一三九・一〇一八－一〇一九頁
1573-1635	法藏	二十九歲讀高峯語錄，有疑，歷十餘秋，聞折竹聲，忽然大徹。	同上條一〇二〇頁
		余自力參於折竹聲中，得個前後際斷，頓見青州布衫意旨，便能棒棒見血，箭箭中的。復參睡中主，了得高峯枕落、雪嵒古柏，千古同心。因知道無終窮，力參不已，閉關日夕究其不可究處，所以深入濟	《五宗原》，《卍續藏》一一四・二

		上堂奧，旁及四家，兼之旁出諸禪，得大慧所謂「禪備眾體之妙」。	一四頁
1614-1675	通琇	參天隱修和尚於磬山，命充侍司，隨堂坐香。一夕未開靜，即進方丈。修見云：「今日香完何早?」師云：「自是我不去坐香。」修云：「見甚道理不去坐?」師云：「即今亦無不坐。」修驀拈案上『石屋錄』問云：「者個是甚麼?」師云：「請和尚道。」修云：「你不道教老僧道。」師云：「情知和尚不敢道。」修云：「『石屋錄』爲甚麼不敢道。」師云：「隨他去也。」修云：「贓誣老僧。」師者裏透不過，直得大淚如雨，一晚不交睫，立修單側，竟忘入寮，至五鼓，修呼云：「不用急，我爲你舉則古話：當初有個龐居士，初見人時，也似你一般，孤孤迴迴，開口便問人：『不與萬法爲侶者是誰?』馬祖當時爲甚踏向前一步云：『待得一口吸盡西江水，即與汝道。』」師云：「某有一頌。」修云：「汝頌云何?」師呈頌云：「不侶萬法的爲誰?誰亦不立始親渠。有意馳求轉睽隔，無心識得不相違。」修云：「不問你不侶萬法，要你會一口吸盡西江水。」師於言下大悟。	《揞黑豆集》卷六，《卍續藏》一四五．九四一—九四二頁

（二）曹洞宗禪者的省悟

年代	人名	省悟經過	資料
1548-1618	慧經	嘗疑《金剛經》四句偈，一日見〈傅大士頌〉曰：『若論四句偈，應當不離身。』忽覺身心蕩然，因述偈，有「本來無一字，偏界放光明」之句。後益披尋梵典，默符心得，自謂泰然矣。一日與諸兄弟，論《金剛經》義甚快，廩山聞之曰：「宗眼不明，非爲究竟。」師遽問：「如何是宗眼？」山拂衣而起。心甚疑之。繼得《五燈會元》讀之，見諸祖悟門，茫然自失，思前所得，總皆不似。乃請益於山，山曰：「老僧實不知，汝但自看取。」由是愈增迷悶，晝夜兀兀然，若無聞見者，眾咸謂師患癡矣。凡閱八月，一日，見（閱）僧問興善（惟）寬（禪師）曰：「如何是道？」寬曰：「大好山。」疑情益急，忽豁然朗悟，如夢初醒。信口占偈曰：「欲參無上菩提道，急急疏通大好山；知道始知山不好，翻身跳出祖師關。」入方丈，通所悟。山曰：「悟即不無，卻要受用得著，不然，恐祇是汞銀禪也。」時年二十有四。	〈無明和尚行業記〉出於《永覺元賢禪師廣錄》卷一五，《卍續藏》一二五．五七五頁
		時年二十有四，一日閱《大藏》，至〈宗眼品〉，始知有教外別傳之	〈無明經禪

生卒	人名	事蹟	出處
		旨，至於五宗差別，竊疑之。迷悶八閱月，若無聞見，時以爲患癡，久之有省，於是切有參究志，遂辭㢠山，欲隱遁，乃訪峨峯，見其林壑幽邃，誅茅以居，誓不發明大事，決不下此山，居三年，無人知者。因閱《傳燈》，見僧問興善：「如何是道？」善曰：「大好山。」師罔措，疑情頓發，日夜提撕，至忘寢食。一日因搬石，堅不可舉，極力推之，豁然大悟。……因呈㢠山，山知爲法器。師生而孱弱，若不勝衣，及住山，極力砥礪，躬自耕作，鑿石開田，不憚勞苦，不事形骸。……影不出山者，二十有四年如一日也。	師塔銘〉出於《夢遊集》卷二七，《卍續藏》一二七．六〇三頁
1516-1626	圓澄	隨訪隱峯師，隱器之，對眾云：「此子可參禪。」師遂求示，隱曰：「行、住、坐、臥，但參念佛的是誰？」三日夜有省，知法不假他求，趨似隱，隱曰：「似則也似，是則未是，且一切處疑嘿著。」是年二十矣。壬午，往天荒山妙峯和尚處剃染，懇求要訣，峯唯指念佛。冬無複裩，而通宵參究，未嘗就枕。三年充圊頭，行難行苦行。乙酉，葉家山聞二僧論傳大士〈法身偈〉，便能記持經書，解一切道理。往北塔寺，不納，遂居荒廟中，五日不粒，坐參不倦。詣雲棲，求蓮池大師授具，還訪南宗師，入門便問曰：「海底泥牛啣月走，是	〈湛然澄禪師行狀〉出於《湛然圓澄禪師語錄》卷八，《卍續藏》一二六．三一三—三一四頁

甚麼意？」宗一喝，師不能答，遂憤然曰：「不悟不休。」即於天妃宮掩關三年，不發一語，偶閱語錄，至雪竇與僧論「柏樹子」話，有行者頌曰：「一兔橫身當古路，蒼鷹才見便生擒；後來獵犬無靈性，空向枯樁舊處尋。」師便能轉機著語。又因燈滅，隔窗取火，有省。隨頌一首令呈南，南曰：「我道他是個人，猶作如是去就耶！」復令請益，南曰：「不思善，不思惡，正怎麼參。」（又掩關寶林寺三年）師一日憶乾峯和尚「舉一不得舉二」話，遂豁然無疑。頌曰：「舉一舉二別端倪，個裡元無是與非；雪曲調高人會少，獨許韶陽和得齊。二老何曾動舌，諸方浪自攢眉；擬議鷂過新羅，刻舟求劍元迷。」又頌「雲門十五日」話曰：「日日犯土黃，日日是好日；鐵蒺藜兮無孔笛，分付禪和莫近前；擬議須教性命失。」從此于「海底泥牛」話，及諸誵訛公案，一切了了，出語皆脫窠臼不存軌則矣。啟關參錦堂和尚，錦大賞曰：「宗門寥落極矣，再振之者，非子而誰？」時戊子歲也。又二年，一夜，靜坐凝寂，忽若虛空霹靂，聲震大地，須臾而甦，遍體汗釋，如脫重擔，此庚寅七月二十一日也，時師已三十矣。性根洞朗，言語契機。於諸佛事，不思議應；於諸經旨，玄會徹微。

1575-1630
元來
求智者「旋陀羅尼」落處，觀心靈坐，身土湛如，不知其顙之爲嗜膚者（蚊蚋集軀，如啖槁木）酒也。如是五年，永嘉空相應法，暖相現前。……而師更念：船子在藥山之門，何以二十年始得瞥地疑情頓發，七聖皆迷，兀兀騰騰，五十旬有半而於趙州有佛無佛之機緣，如釋重負。謁壽昌於寶方，多乎呈簡，曾不得其一領。居再閱月，形色枯瘁，望之似木雞矣。從赴玉山，揚扢洞宗，時得印可。昌問：「佛印偈云：『蟻子解尋腥處走，青蠅偏向臭邊飛』，君耶臣耶？」師云：「臣邊事。」昌呵之曰：「大有人笑汝在！」師曰：「前何以是，今何以非？」昌云：「一非一切非矣。」既達（玉山），辟人端居，食頃，聞護法神倒地，不覺心開。呈偈云：「玉山誘一言，心灰語路絕。幾多玄解會，如沸湯澆雪。沒巴鼻金針，好因緣時節。梅蘂綻枯枝，桃花開九月。觸目如休辨別，急水灘頭抛探篙，溺殺無數英雄客。」昌曰：「一到多門又到門。」蓋解心絕矣，而命根未斷。別居宗乘堂，又五十旬有半（朝夕不寐，一日如廁），睹登樹人而悟，乃徹源底也。趣謁寶方（壽昌），入門便拜，昌問：「近日如何？」師曰：「有個活路，不許人知。」昌云：「因甚不許人知？」師曰：
〈無異大師塔銘并序〉出於《無異元來禪師廣錄》卷三五，《卍續藏》一二五·三九二—三九三頁（ ）括弧中語字，係參考同書所載《博山和尚傳》補入者

年代	人名	省悟經過	資料
		「不知不知。」昌舉「燒菴趕僧」話，問：「婆子作麼生手眼？」師曰：「黃金增色爾。」又舉僧問玄則禪師「龍吟霧起，虎嘯風生」公案，命頌之。師援筆立就曰：「殺活爭雄各有奇，模糊肉眼曷能知；吐光不遂時流意，依舊春風逐馬蹄。」昌笑云：「子今日始知吾不汝欺也。」師問：「向後還有事也無？」昌云：「老僧只知穿衣喫飯。」（時師方二十七歲）	

（三）尊宿們的省悟

年代	人名	省悟經過	資料
1535-1615	袾宏	單瓢隻杖遊諸方，徧參知識，北遊五臺，感文殊放光。至伏牛，隨眾煉魔。入京師，參徧融、笑巖二大老，皆有開發。過東昌，忽有悟，作偈曰：「二十年前事可疑，三千里外遇何奇；焚香擲戟渾如夢，魔佛空爭是與非。」	〈雲棲蓮池大師塔銘〉德清作。出於《夢遊集》卷二七
		師示悟中迷，勤求無上，述古德利行因緣，助發禪喜，命曰：《禪關策進》，抱以行寢而消歸念佛一心。坐鍊伏牛，愛樂勤勇，而不釋	〈蓮池大師塔銘并序〉

	1543-1603
	眞可
然。入辨（宜爲偏）融、笑巖之室，猶之不釋然。僑寓東昌，而悟中之迷若掃，乃有頌曰：「二十年前事可疑，三千里外遇何奇；焚香擲戟渾如夢，魔佛空爭是與非。」乘悟併消，歸無所得。猶之不釋然也。寓越中禪期者五，了不知鄰單諱字。棲眞之塢，懸釜而炊，鳴泉夜和，乃至絕糧七日，晏如也。	辭（剃度師）明覺，包腰參訪。聞僧誦〈張拙秀才偈〉至「斷除妄想重增病，趣向眞如亦是邪」，曰：「何不云：方病無、不是邪？」僧哂之。師大疑，到處書二語於壁，迷悶至頭面俱腫。一日齋次，忽悟，頭面立消。曰：「使我在臨濟、德山座下，一掌便醒。」自是氣宇凌鑠諸方矣。……已而遊五臺，至峭壁空巖，有老宿孤坐，師作禮問：「一念未生時如何？」宿豎一指。又問：「既生後如何？」宿展兩手。師於言下領旨。尋跡之，失其處。至京師，參偏融大老，融問：「何來？」曰：「從江南來。」「來此何事？」曰：「習講。」又問：「習講何事？」曰：「貫通經旨，代佛揚化。」融曰：「能清淨說法乎？」曰：「至今不染一塵。」融命師解直裰施旁僧，攬其裏曰：「脫卻一層還一層也。」師笑頷之，遂留。
吳應賓作。出於《雲棲法彙》末卷	陸符作〈紫柏眞可傳〉出於《紫柏尊者別集附錄》，《卍續藏》一二七‧一四五—一四六頁

1546-1623

德清

年十九……專意參究一事，未得其要，乃專心念佛，日夜不斷，未幾，一夕夢中見阿彌陀佛現身立於空中。……無極大師講《華嚴玄談》，隨聽講至十玄門，海印森羅常住處，恍然了悟，法界圓融無盡之旨。年二十……雲谷大師建禪期，開示審實念佛公案。從此參究，一念不移，三月之內，如在夢中，了不見有大眾，亦不知有日用事。……離禪座時，即行市中，如不見一人。年三十……於三月三日，於北臺雪堆中撥出老屋數椽以居之。獨住此，單提一念，人來不語，目之而已，久之視人如杌，直至一字不識之地。……溪上有獨木橋，予日日坐立其上，初則水聲宛然，久之動念即聞，不動即不聞。一日坐橋上，忽然忘身。則音聲寂然，自此眾響皆寂。……一日粥罷經行，忽立定，不見身心，唯一大光明藏，圓滿湛寂，如大圓鏡，山河大地，影現其中，及覺則朗然，自覓身心，了不可得。即說偈曰：「瞥然一念狂心歇，內外根塵俱洞徹；翻身觸破太虛空，萬象森羅從起滅。」自此內外湛然，無復音聲色相爲障礙，從前疑會，當下頓消。及視釜，已生塵矣。以獨一無侶，故不知久近耳。三十一歲……發悟後，無人請益，乃展《楞伽》印證。……閉門強臥，初甚不能，久之

〈憨山老人自序年譜〉卷上出於《夢遊集》卷五三，《卍續藏》一二七・九四九—九六一頁節錄原文

坐忘如睡，童子敲門不開，椎之不應，胡公歸，……疾取擊子耳邊鳴數十聲，予始微微醒覺，開眼視之，則不知身在何處也。公曰：「我行，師即閉門坐，今五日矣。」予曰：「不知也，第一息耳。」言畢默坐諦觀，竟不知此是何所，亦不知從何入來，及回觀山中，及一往行腳，一一皆夢中事耳，求之而不得，則向之徧空擾擾者，如雨散雲收，長空若洗，皆寂然了無影像矣。心空境寂，其樂無喻。三十三歲……夢見清涼大師，開示初入法界圓融觀境。又夢入彌勒樓閣，聞說：「分別是識，無分別是智。」（又夢入梵僧所引浴室，加持灌頂。）四十一歲……自辛巳（三十六歲）以來，率多勞動，未得寧止，故多疲倦，至今（海印寺）禪室初就，始得安居，身心放下，其樂無喻。一夕靜坐夜起，見海湛空澄，雪月交光，忽然，身心世界，當下平沈，如空華影落，洞然一大光明藏，了無一物。即說偈曰：「海湛空澄雪月光，此中凡聖絕行藏；金剛眼突空華落，大地都歸寂滅場。」即歸室中，取《楞嚴》印證，開卷即見：「汝身汝心，外及山河虛空大地，咸是妙明眞心中物。」則全經觀境，了然心目。

以上所提供的資料，臨濟宗雖有七人，資料卻不多。多係粗枝大葉地描述，但也說出了他們如何省悟的事實。曹洞宗三人的資料，出於他們的傳略、行狀、塔銘，較爲豐富詳明。三位尊宿，則更詳盡，特別是憨山德清，由於有其《自序年譜》可據，讀來猶如現代銀幕的景觀，生動、活潑，充滿了眞實感的撼人力量。姑且不論憨山大師的悟境究竟有多深，對於一位禪者的定境、悟境的敍述，能有如此的細微而明朗者，在中國禪宗史上，當可推爲第一。

從本文所舉一百一十七位禪者之中，僅僅選錄了如上的十三位，理由是不僅因爲這十三位，是明末佛教中大師級的人物，也因爲他們的省悟過程比較明顯，而且具有懾人心神的力量。

依照以上所舉的十三位禪者的省悟經驗看來，可以得到如下十點共通性的結論：

1.禪者必須眞修、苦行、死心塌地、勇往直前，始有省悟的可能。
2.禪者必須付出累年累月的長期努力的代價，始有達成目的的指望。
3.禪者必須先起大疑情，然後才能用得上參究工夫的力量。
4.禪者不限身體狀況的強弱，但是多半的得力時期，是在二十歲至四十歲的二十年間，尤其是二十歲至三十歲的十年期中，是特別重要的黃金時代。

5.明末的禪宗，雖分作臨濟、曹洞、尊宿的三流，實則所用的方法，大同小異之處則為臨濟宗徒，喜以震威而喝及拂衣而去來接人和被人接（註），這種公式化的方法，用多了究竟有多大意義，値得懷疑。曹洞宗徒，雖也偶爾使用君臣王位來勘驗學者，實際上並未把界限與臨濟等他宗劃分開來。尊宿們並非不參訪善知識，也不是不想求人印證，只是不重視形式上的法系派別的傳承，遇到境界現前而又無人可資印證時，他們便以經典或禪籍中的諸祖機緣語錄，作為佐證。

6.禪者的省悟成就，必須依靠各自堅毅不絕地苦參，也需要藉著經教及祖師們的古則，作為引發疑情的工具。

7.禪者發悟之後，對於一切經教所說，即感同自家原有的東西。

8.禪者的經驗，通常分作兩種層次：第一層次是「省」，是到了彷佛知道而實際尚未知道的程度。第二層次是「悟」，悟又有未徹底的悟及徹底的悟。唯有徹悟之後，始夠資格「只知穿衣喫飯」，而去出世坐堂開法，代佛揚化。

9.禪者不一定進入定境，但在疑情成團而渾然不知所以之際，即與定相通。憨山德清的例子，則一定不知久近，或一定五日，明末的禪者中，僅他一人如此。

10.眞有徹悟經驗之後，始能具足堅定的信心，始能心常明淨，不受境染，不隨境轉，心中常無物，所以能包容萬物。

註解

註　見於《五燈嚴統》卷二四「密雲圓悟」條：一日侍次，池問：「忽有人問汝，如何抵對？」師豎拳。池曰：「老僧不知者個是甚麼意思？」師曰：「莫道和尚不曉，三世諸佛也不曉得。」池曰：「汝又作麼生？」師便喝，池曰：「三喝、四喝後如何？」師即連喝而退。池曰：「宛有古人之作。」師復喝。又一日，池陞座，舉拂問曰：「諸方還有這個麼？」師震一喝，池曰：「好一喝。」師連喝兩喝，歸位。池顧師曰：「再喝一喝看。」師即出法堂（《卍續藏》三九．一〇一六頁）。同書同卷「天隱圓修」條：一日侍次，問：「歷歷孤明時如何？」池曰：「待汝到這田地，與汝道。」師便喝。池曰：「汝還起緣心麼？」師拂袖而退（《卍續藏》一三九．一〇一九頁）。

第八節　明末禪者重視鍛鍊的方法

自古禪宗祖師，無不重視對於下一代的接引，但在唐宋之際，禪門的教育，不若一般書院私塾，師與弟子間未必日日有所授受，並且在許多的弟子之中，能被接納成為宗門接棒人的，實在不易。因為禪是心法，若不以心印心，自明其心，縱然接受千年的知識教育，於事亦無可助。可是，祖師們確有他們各人的接引手段，而且手段越高明的祖師，成就的宗匠也越多。所以大禪師們，也都以成就後起之秀，爲他們報答佛恩的天職。例如靈源惟深禪師主張：「今之學者，未脫生死，病在甚麼處？病在偷心未死耳。然非其罪，爲師者之罪也。」又云：「古之學者，言下脫生死，效在甚麼處？效在偷心已死，然非學者自能爾，實爲師者，鉗鎚妙密也。」（《卍續藏》一一四．七四五頁）

此中所謂「偷心」，便是計較心、分別心、攀緣心、執著心，也就是生死心，死去生死心，始能脫生死。禪門的目的即在教人如何脫離生死。如何脫法，便是爲師者的手段所在。在禪宗史上，馬祖道一有入室弟子一百三十九人，大慧宗杲有七十五人，宗杲的法師圜悟克勤，有三十人。這些都是由於大宗師們知道活用方法，使人很快徹悟的高明手段。

明末的禪者們，也多重視鍊人的方法。輯錄或撰集成書者，有四種：

（一）雲棲袾宏的《禪關策進》，共分二集，前集節錄三十九則祖師的法語，及二十四則祖師們的苦功；後集輯錄諸經引證四十七則，目的在於取法佛祖的修證實例及訓示，好使學禪者有所依循。正如其在自序中說：「人之爲道也，有迷悟，於是大知識闞吏，不得不時其啟閉，愼其鎖鑰，嚴其勘覈。……予初出家，得一帙於坊間，日：《禪門佛祖綱目》，中所載，多古尊宿自敘其參學時，始之難入，中之做工夫，經歷勞苦，次第與終之廓爾神悟。心愛之慕之，願學焉。既爾此書於他處，更不再見，乃續閱五燈諸語錄雜傳，無論緇素，但實參實悟者，併入前帙，刪繁取要，彙之成編，易名曰《禪關策進》。」（《卍續藏》一一四．六九八頁）

此書功能，利於無師自修，雖不得明師的鍛鍊，亦能於讀此書後，發憤圖強。所以蓮池袾宏亦於初出家時，見到此書的前身《禪門佛祖綱目》之後，即有「願學」之心。此書內容，的確精彩，特別是前集的三十九則法語，頗有撼人心腑的力量。

（二）費隱通容的《祖庭鉗鎚錄》，共上下兩卷，收錄了唐宋四十九家共五十一個例子，是以古人如何接人、如何使人開悟的種種手段。例如臨濟義玄如何在黃檗希運會下三度被打，德山宣鑑如何在龍潭座下大悟等。此書與《禪關策進》的性質迥異，此書是介紹師家如何接人，希望已經出世開法的禪匠們，將之視爲鍊人的藍本。所以臨濟宗下的禪者，特別重視師資相承的親面授受。用棒用喝用機鋒，亦皆遵循古範。這一本書除了蒐羅集中了散見於《傳燈錄》中的重要案例之外，並在每案之末附上評語，但也無甚新的發明，唯其重視古範的運用，亦必有其效果可觀，所以在明末臨濟宗的禪匠，如密雲圓悟，接法弟子之多，是當時的第一位，所住道場有龍池、通玄、金粟、黃檗、育王、天童等六處，每處禪眾，動輒上千上萬，法緣之盛，也堪稱爲當時的第一人了。

在中國禪宗史上，馬祖的得法弟子之眾，固爲首屈一指，但其留下的案例記載，並不很多。大慧宗杲，一生所接入室弟子之多，算是禪宗史上的第二位，他卻爲後世留下了數十卷的語錄；所以在通容的此書之中，大慧一人的，即錄了三則，並在其卷下的第一例「懶菴鼎需禪師」條下附上如下的評語，來稱頌大慧宗杲的大將手段：「大慧鉗鎚爐鞴，高出諸方，故相從者多，而得法者亦盛，于長樂洋嶼菴，僅五十日，打發十一人開悟，懶菴亦是其數。且懶菴已出頭爲人，尚訐其平日珍重得力處，排爲邪解，使他氣宇索然，向咽喉一拶，直得頂門開眼，此非大慧孰能歟？」（《卍續藏》一一四．七五八頁）

（三）晦山戒顯的《禪門鍛鍊說》，此人的全名是「住雲居晦山僧東吳願雲戒顯」，他所寫此書，是模仿《孫子兵法》的架構及氣勢，所以也是十三章，目的在於效法兵家用兵的原理原則，來將普通的禪眾，在接受過鍛鍊之後，便成爲大開心眼悟門的禪師。正如他在此書的自序中說：「鍛禪說而擬之孫武子，何也？以正治國，以奇用兵，柱下之言確矣。佛法中，據位者，治叢林如治國，用機法以鍛禪眾如用兵。奇正相因，不易之道也。拈華一著，兵法之祖，西天四七（二十八位祖師）、東土二三（六位祖師），雖顯理致，暗合孫吳。至馬駒蹴踏，如光弼軍，壁壘一變。嗣後黃檗、臨濟、睦州、雲門、汾陽、慈明、東山、圓悟諸老，虛實殺活，純用兵機，逮乎妙喜（大慧宗杲），專握竹篦，大肆奇兵，得人最盛。」「因思人根，無論利鈍，苟得鍛法，皆可省悟。以人多執死法，不垂手險崖，雖有人材，多悲鈍置。遂不敢秘，著爲鍛禪之說。」「依此兵符，勤加操練，必然省悟多人，出大法將。」（《卍續藏》一一二．九八五頁）

此書不是被初學者當作無師自通的參考之用，是給住持禪林的方丈長老們編寫的一冊鍛禪計畫書，所以此書的次第十三章，首章即要求長老，必須堅誓忍苦，長老不怕辛苦，不惜勞累，是鍛禪的第一條件。此下依次的章目是：辨器授話、入室搜刮、落堂開導、垂手鍛鍊、機權策發、寄巧回換、斬關開眼、研究綱宗、精嚴操履、磨治學業、簡練才能、謹嚴付授。也就是作爲叢林住持的人，有責任將所有的禪眾，用不同的方式，使他們成爲佛教的有用之才。以此書與《祖庭鉗鎚錄》比較，當然是此書的氣勢澎湃，而且從理論上說，它是有層次、先後及細則說明的，應該是一部受叢林長老們重視的好書。

（四）無異元來的《博山參禪警語》，元來的全名，應該是「博山無異大艤元來」，博山是其所住道場名。此書共分五章，專對參禪者的困難處發言，故與前面的三書相比，又是不同。禪者使用方法時，必有困難，如何解除參禪過程中可能發生的種種困難，便是此書的目的，而且是過來的明眼人語、經驗之談，正如劉崇慶爲此書所寫的序中說：「博山大師，乘悲願力，來作大醫王，用一味伽陀，遍療狂猖業病。故有示禪病警語五章，直捷簡當，把參禪骨髓中病，都說透過。其開示做工夫語，最爲喫緊，眞是禪門一種切要新書。」（《卍續藏》一一二·九四六頁）又說：「博山大師，自來參究此道，極是融通，凡有言句，皆中肯綮，非故爲高妙玄著之談，使人不知，乃平日親證實履境界，見到、說到、行到、用到，其義理精明，辯才無礙，所以快說禪病，如握秦宮玉鏡，照見群僚肝膽，一毫隱諱不得。」（同上）

此中所言「禪病」，即是參禪者所遇到的種種困難，此書不僅說出病情，主要在於因病處方，對症下藥。過去的禪籍中，重心在於如何導人開悟，最多提及在開悟之前的痛苦經驗，至於如何排除參禪的各種障礙，則甚少正面論列，而此《博山參禪警語》的特色，便是運用簡明的語句，平實剴切地爲禪者們排除參禪道上的身心障緣。其一共五章的章目，即是：示初心者做工夫、評古德垂示、示疑情發不起者、示疑情已發起者、示參公案。對於初心參禪者而言，不論其有明師指導或無明師指導，凡是參禪用工夫的人，此書都有用處。所以此書不是爲明眼的過來人備，乃爲初心者寫，亦可作已爲禪師的人們用來助人修行的參考。

（五）憨山德清示人修行方法：憨山大師所涉的範圍極廣，但他出於禪而亦匯歸於禪，他將一切的世出世間法，均歸於禪法。在佛法中的修行方法很多，但他將參禪、念佛、持咒，均當作禪法，所以他的修行法門，以參禪爲主，亦以教人念佛持咒爲其方便。從他的《夢遊集》中，至少可看到如下的七篇文字，是關於教人如何修行的。

1.〈答鄭崑巖中丞〉法語，示人如何參禪，非常中肯切實，他說：「所言修者，只是隨順自心，淨除妄想習氣影子，於此用力，故謂之修。若一念妄想頓歇，徹見自心本來圓滿光明廣大，清淨本然，了無一物，名之曰悟。」「如今做工夫，先要剗去知解，目的只在一念上做。」「至若藏識中習氣愛根種子，堅固深潛，話頭用力不得處，觀心照不及處，自己下手不得，須禮佛、誦經、懺悔。又要密持咒心，仗佛密印以消除之。」此文中略示五個參禪的原則：不得貪求玄妙，不得將心待悟，不得希求妙果，不可自生疑慮，決定深信自心是佛。（《夢遊集》卷二，《卍續藏》一二七．二二二—二二六頁）

2.〈示參禪切要〉（《夢遊集》卷六，《卍續藏》一二七．二八三—二八五頁）

3.〈示念佛參禪切要〉（《夢遊集》卷九，《卍續藏》一二七．三二五—三二

六頁）

4.〈答德王問〉—示修淨土法門（《夢遊集》卷一〇，《卍續藏》一二七・三四一—三四六頁）

5.〈示優婆塞結念佛社〉（《夢遊集》卷二，《卍續藏》一二七・二三三—二三四頁）

6.〈示念佛切要〉（《夢遊集》卷七，《卍續藏》一二七・二九七—二九八頁）

7.〈示玄機參禪人〉—示如何持咒（《夢遊集》卷八，《卍續藏》一二七・三一三—三一四頁）

其他散見於憨山德清諸著述文字中，有關教人如何修持者，不勝枚舉。

（十八）湛然圓澄的《宗門或問》，圓澄的全銜應該是「會稽雲門顯聖寺散木禪師湛然圓澄」，他在出家之初，目不識丁，後來不僅成爲一代宗匠，而且還留下了不少的著述。《宗門或問》一書，不僅是爲了說明修行的方法，乃爲疏導禪門中的許多似是而非的觀念而作。比如論及念佛、看教、持咒、參禪的同異，而稱：「念佛者念此心也，看教者看此心也，持咒者護此心也，參禪者參此心也。」（註一一）對於參禪者則說：「古人云：欲參禪者，須發三種大心，必獲妙悟，成就不疑。三種者何？一者發大信心，二者發大勇猛不退心，三者發大疑情。」（註一二）

並就此三心，詳加說明。又對根利及根鈍的問題提出解答：「謂古人根利機熟者，何以趙州八十年行腳，長慶七破蒲團，香林四十年不雜用心，靈雲三十年方能了悟？從上尊宿，皆是艱難而得，子今用功幾年，而云根鈍機淺，蓋不之學耳。」（註三）

他又為了糾正一些人的錯誤觀念，認為禪者修行，必須離群獨居，不事人間的服務，始克有大成就，所以又舉出如下的例子云：

「虛空洞豁，不礙萬象發揮，日明夜暗，草生木長，雲行鳥飛，豈有虛空同其生滅哉？是以楊岐總十載院事，起臨濟正宗。百丈不作不食，為萬年龜鑑。溈山典座，睹淨瓶于眾中。雪峯飯頭，悟妙道於鰲山。雲峯化主，桶梔脫于後架。石鞏獵戶，弓箭折于菴前。丹霞天然穎悟，而三年曹廠。六祖肉身菩薩，而八月碓坊。古人皆以事理兼修，豈一向避喧求靜者耶？」

「子如肯信，不必他餘，但向一機一語思解不行處，著實參叩，行也如是，坐也如是，著衣吃飯亦如是，阿屎放尿亦如是，迎賓待客亦如是，語默動靜亦如是，乃至日如是夜如是，月如是年如是，參來參去，驀忽地腳根斷線，八字打開，則知從前奇言妙句，檢點將來，是什麼干屎橛、破草鞋！古人云：『絕後再甦，方始欺君不得。』其言可信也。」（《宗門或問》，《卍續藏》一二六·三四五—

三四六頁）

此書所舉參禪者宜發的「三種大心」，以及「著實參叩」的態度，即是修行的指導，至於舉例鼓勵長期修行及爲大眾的事服務，也爲一般貪求快速及避喧求靜的禪者們，作了迎頭棒喝。

以上所舉六人，是在明末禪者之中，對於鍛鍊禪眾及指導禪眾修行，著有專書或留有單篇專文者，其他如紫柏、眞可等諸師的法語（註四）、語錄之中，亦能零星見到類似的文字。此也正是禪宗語錄的主要內容所在，故不能形成特色。而明末禪者的特色之一，則爲由於重視方法，各家競相撰集專書，且是如此的豐富，乃爲中國禪史上從未有過的盛況。

註解

註一　《宗門或問》（《卍續藏》一二六·三一八頁）。

註二　同上（同上三四四頁）。

註三　同上（同上三四五頁）。

註四　例如《紫柏尊者全集》卷二的法語中有云：「凡煉心者，必以話頭爲椎輪，然而有有心話頭，有無心話頭。有心話頭則初機精進者；無心話頭則無功任運者。」（《卍續藏》

一二六・六八〇頁）又說靜坐分有下劣、平等、增上的三等，亦即對於禪及禪定的新分類（《卍續藏》一二六・六八六頁）。

第九節　結語

本文到此，應該結束了，雖然，明末的禪者，尚有念佛思想或禪淨合流的問題，以及在教理上的立足點的問題等，此當容在另外的專題研究中，加以論列。本文的目的，僅在提供明末禪宗的主要形象。至於更深入的專題研究，尚待進一步地個案討論。

（一九八二年十一月至一九八三年七月十四日稿成於紐約禪中心）

第二章　明末的淨土教人物及其思想

第一節　緒言

若以修行淨土法門爲宗旨，或以求生佛國淨土爲宗旨，當然可稱淨土之教爲淨土宗。若以祖祖相傳，以心傳心的法門爲標準，如《楞伽經》所謂「法語心爲宗」，則淨土一門，宜稱爲教而不得名之爲宗了。因爲淨土法門的提倡者和修證者，不重師承，不須印證，後世雖有中國淨土諸祖的次第排列，考其實際，前後諸祖之間，並無師資承襲的關係，思想系統也互有出入。所以雖由日本凝然大師（西元一二四〇—一三二一年）撰《八宗綱要》，列舉日本佛教的大小乘八宗，淨土亦未入其數。然在日本，凡成一派，即名一宗，淨土法門之被稱爲淨土宗，是始於日本。在中國則自南宋宗曉的《樂邦文類》、志磐的《佛祖統紀》，以迄清代悟開的《蓮宗九祖傳》，皆稱「蓮社」或「蓮宗」諸祖。民初開始，受日本影響，才出現了「淨土宗」的名稱。若以晉之慧遠大師建蓮社，以及西方淨土之九品蓮花化生，作爲依據，稱爲「蓮宗」，較爲貼切。淨土宗則宜涵蓋唯心淨土、人間淨土、天國淨土、諸佛淨土了。本文採用「淨土教」一詞，是爲通俗，亦因中國淨土教的內容，可由他力的彌陀淨土，會通自力的唯心淨土。明末諸家，也都以致力於唯心淨土的闡發，作爲淨土思想的極則。

念佛法門，本係禪觀行的一支，所以在中國早期弘揚淨土教的大師，如東晉的廬山慧遠（西元三三四—四一六年），主張念佛三昧定的實踐，於阿彌陀佛像前，作專思寂想、智寂一致的修法。北魏的曇鸞則以「眾生是不生不滅義」，又說：「明彼淨土，是阿彌陀如來，清淨本願，無生之生也。」然其雖以無生爲生，又依「清淨本願」而展開了他力救濟的淨土思想之強調。嗣後，即以曇鸞的淨土思想爲主流，而有道綽、善導、懷感、慈愍、法照等諸師的弘通，將凡夫願生之有相淨土，與無生無相的理體，結合並行，從有相的實踐，求生淨土，達於無念離相，莊嚴法身。道綽繼承曇鸞的主張，又倡導名號度生、臨終十念往生淨土之說，雖一生造惡，若得臨終念佛十稱，亦能往生淨土。此乃由於周武法難（西元五七四年）而使他產生了「末法約時被機觀」的思想，切望以淨土法門，攝化末世的造惡眾生。

至開元年間，慈愍（西元六八〇—七四八年）主張五會念佛；天臺宗系的飛錫主張三世佛通念說。法照主張高聲念佛，大行及道鏡等主張信心念佛，傳說是智者大師所著的《五方便念佛門》，提出五種念佛法門：1.稱名往生念佛三昧門，2.觀想滅罪念佛三昧門，3.諸境唯心念佛三昧門，4.心境俱離念佛三昧門，5.性起圓通念佛三昧門。以深淺次第，說明念佛法門。少康也從事於高聲念佛的實踐與闡揚。唐末宋初的永明延壽（西元九〇四—九五七年）繼承慈愍、飛錫等的主張，唱出了事理雙修、禪淨一致的淨土教。

進入宋代，即有以天臺宗學者爲中心出現了禪、淨、律兼重並顧的淨土教，以知禮（西元九六〇—一〇二八年）、遵式（西元九六四—一〇三二年）、智圓（西元九七六—一〇二二年）爲其代表人物。加上元照、戒度、宗賾、王日休、宗曉等人，他們的共通點是一同站在無相離念、生即無生的立場，而亦皆以有事相的念佛願生爲其實踐的著力處。到了元代，天如惟則，撰《淨土或問》，強調禪淨雙修，普度著《廬山蓮宗寶鑑》，高揚天臺、禪、淨的一致。到了明末，雲棲袾宏，依《文殊說般若經》，用華嚴教判，弘揚禪淨一致的體究念佛說；蕅益智旭，依《念佛三昧寶王論》，用天臺教判，弘揚現前一念相應說的稱名念佛三昧。另有天臺系的傳燈，高揚生即無生的性具念佛說；華嚴學者袁宏道，鼓吹一心法的淨土說等。以上敍其大概，以下則就明末的淨土教，加以論列。

第二節　明末的淨土教人物

（一）明末淨土教人物表

身分	姓名	年代或關係	依據資料《往生淨土集》成立年代：1584	依據資料《居士傳》成立年代：1775	依據資料《淨土聖賢錄》成立年代：1783	依據資料《西舫彙征》成立年代：清	依據資料《新續高僧傳四集》成立年代：1923	其他
僧侶	寶珠	不詳	卷上		卷5	卷上		
〃	本明	〃	卷中		〃			
〃	眞清象先	寶珠弟子			〃			
〃	雲谷法會	1500-1579						《憨山大師夢遊集》
〃	無塵明證	1544-1593			〃		卷43	
〃	無瑕明玉	1524-1595			〃		卷44	

僧侶	靜明眞定	無塵弟子			卷5		卷43	
〃	青眞	?-1593				卷上		
〃	大方如遷	1538-1598					〃	
〃	通天廣徹	不詳					〃	
〃	覺體	〃					〃	
〃	眞貴	無瑕弟子					卷44	
〃	瑞光法祥	?-1610			〃		〃	專志念佛以豆記數
〃	雲棲袾宏	1535-1615			〃	〃	卷43	
〃	實相	?-1623				〃		
〃	了然	不詳					卷44	
〃	無瑕海玉	1522-1623					〃	
〃	廣寄寓安	?-1621					〃	
〃	寶相	廣寄弟子						
〃	墨浪	〃					〃	
〃	大賢如榮	1522-1581			〃			
〃	法原如清	?-1583			〃		〃	

僧侶	安廬廣製	雲棲弟子			卷5			
〃	慧廣眞緣	?-1594			〃			得念佛三昧焚身供養
〃	傳記	?-1613			〃		卷44	修法藏三昧懺
〃	憨山德清	1546-1623			〃			取自《夢遊集》
〃	無盡傳燈	1554-1627			〃		〃	
〃	古松	?-1624			〃		〃	
〃	法雨仲光	?-1636			〃			
〃	金童廟僧	不詳			〃		〃	
〃	海寶	〃			〃	卷上	〃	神異僧
〃	萬安大雲	雲棲弟子			〃		〃	
〃	無名僧	?-1650-?			〃	〃	〃	神異僧
〃	北禪大慧	漢月之友						《阿彌陀經已決》作者
〃	達觀眞可	1543-1603						《紫柏尊者全集》
〃	無明慧經	1548-1618						《無明慧經禪師語錄》
〃	湛然圓澄	1561-1626						《湛然圓澄禪師語錄》
〃	博山元來	1575-1630						《無異元來禪師廣錄》

僧侶	永覺元賢	1578-1657						《永覺元賢禪師廣錄》
〃	雪嶠圓信	1571-1647					卷44	
〃	無易太守	?-1651					〃	
〃	毒鼓	不詳					〃	
〃	如然本實	1561-1635					〃	
〃	白雲圓彩	不詳					〃	專修念佛三昧
〃	雲峯	不詳					〃	
〃	道樞	?-1656			卷6	卷上		
〃	寶峯如意	不詳					〃	
〃	向和尚	〃					〃	
〃	參哲寂照	〃					〃	
〃	去息居溟	?-1670					〃	
〃	妙圓如會	1578-1648			〃			
〃	蕅益智旭	1595-1653			〃	〃		《靈峯宗論》作者
〃	古德	雲棲弟子						《阿彌陀經疏鈔演義》註者
〃	正寂	傳燈弟子						《淨土生無生論》註者

僧侶	玄顯	傳燈弟子						《淨土生無生論》註者
〃	受教	傳燈法孫						《淨土生無生論親聞記》作者
〃	沖符大勍	?-1649			卷6			
〃	新伊大眞	1580-1650			〃			
〃	崇文	?-1658			〃			
〃	具宗	?-1659			〃			
〃	見月讀體	1610-1679			〃			
〃	林谷	不詳			〃			
〃	萬緣	?-1663			〃			
〃	與樂勝慈	1604-1663			〃			
〃	堅密成時	?-1678			〃			
尼僧	太素祩錦	1548-1614			〃			雲棲俗時室
〃	廣覺	太素弟子			〃			
〃	廣貴	雲棲弟子						《蓮邦詩選》編者
居士	王道安	〃		卷38				
〃	嚴敏卿	〃		卷40				

居士	陸與繩	紫柏弟子		卷40				
〃	嚴澂	嚴敏卿子		〃	卷7			
〃	楊邦華	萬歷諸生		卷41				
〃	戈以安	雲棲弟子	卷中	〃		卷下		
〃	孫叔子	〃	〃	〃		〃		
〃	朱綱	不詳	〃	〃	〃	〃		
〃	郭大林	〃	〃	〃		〃		
〃	劉通志	〃	〃	〃		〃		
〃	郝熙載	?-1611	〃	〃		〃		
〃	戴百戶	不詳				〃		
〃	杜居士	〃	〃	〃				
〃	華居士	〃	〃			〃		
〃	吳大恩	〃	〃	〃				
〃	蓮華太公	〃				〃		
〃	吳用卿	〃	〃	〃				
〃	李卓吾	1527-1602		卷43				《淨土決》作者

居士	管志道	1536-1608		卷44				
〃	淥田一念	不詳						《西方直指》作者
〃	張愛	萬歷中官		卷41				
〃	唐體如	1545-1604	卷中	〃				修念佛三昧
〃	楊嘉禕	1583-1605	〃			卷下		
〃	陳廷裸	?-1588		卷42	卷7			
〃	虞長孺	雲棲弟子		〃	〃			
〃	顧清甫	不詳	〃	〃	卷8	〃		《夢遊集》
〃	周廷璋	〃			〃			《金剛靈驗錄》
〃	朱元正	〃		〃	〃	〃		
〃	陳見山	不詳			〃			
〃	蔡槐廷	雲棲弟子		卷42	卷7			專修念佛三昧
〃	張守約	不詳			卷8			
〃	黃平倩	雲棲弟子		〃				
〃	唐廷任	〃				〃		
〃	莊復眞	〃		〃	〃			《淨土資糧全集》編者

居士	鮑性泉	雲棲弟子		卷42	卷8			
〃	莊平叔	?-1624		〃				
〃	唐宜之	雲棲弟子		〃	卷7	卷下		
〃	陶周望	?-1609		〃				
〃	袁宗道	宏道之兄		卷46				《西方合論》
〃	袁宏道	1568-1610		〃	卷7			《西方合論》作者
〃	袁中道	宏道之弟		卷42				《西方合論》
〃	沈稚威	?-1611			卷8			
〃	王孟夙	雲棲弟子		卷48				修念佛三昧
〃	丁劍虹	?-1645		〃	卷7	〃		
〃	朱白民	雲棲弟子		〃	卷8			修念佛三昧
〃	黃元孚	〃		〃				《夢遊集》
〃	聞子與	?-1615		〃	〃			
〃	黃子羽	不詳		〃	卷7			《現果隨錄》
〃	吳瞻樓	〃		〃	卷8			《現果隨錄》
〃	金光前	〃			卷7			

居士	王先民	一雨弟子		卷48	卷8			
〃	陳用拙			〃	〃			
〃	駱見於	不詳		〃				
〃	張次民				〃			
〃	程季清	?-1651		〃				《靈峯宗論》
〃	張明教	不詳						《西方合論標註》作者
〃	馬邦良	紫柏弟子		卷50				
婦女	于媼	不詳	卷中					
〃	方氏	〃	〃					
〃	張母	〃	〃					
〃	孫氏母	〃	〃					
〃	朱氏	〃	〃					
〃	徐氏	〃	〃					
〃	黃母李氏	〃		卷51				
			21人	44人	59人	23人	32人	13人

統計	1.僧侶65人 2.尼僧3人 3.居士57人 4.婦女7人 132人
說明	1.明末淨土教人物的取材史傳，僅得如上四種被收於《卍續藏》中。 2.《新續高僧傳四集》，不在藏經中，本表僅取其〈淨讀篇〉。 3.有淨土著述而未被收入如上資料的人物，則引用其所著作或語錄來補充。

淨土教在中國，雖早於禪宗的出現，但其不重視師承的印證，也沒有師承法統的形式要求，所以並無日本式的宗派及祖師的例子。因此，類似禪宗《傳燈錄》的資料，不會在淨土宗的文獻中看到。中國淨土史傳類的著述，被收入《大正藏》及《卍續藏》的，共計十一種三十三卷，比起禪宗的史傳類書，不啻小巫見大巫。明末清初，淨土幾乎已成爲諸宗共通的歸趣，所以即有九種之多，而其中具有明末淨土教歷史人物的考察價值者，僅得三種（註一）。本表所用的《居士傳》（註二）雖在《卍續藏》中，但非淨土專書，另外的《新續高僧傳四集》（註三），則爲近代人的作品。

由上表所列資料，看到了一百三十二位與淨土教有關的明末人士，可以作爲進一步研究的參考。從這些資料之中，可以找到線索，明末的僧俗兩界，對於淨土教所持的態度是什麼？哪些人士是這個時代之中弘揚淨土教的主流？

由中國淨土教的歷史背景而言，雖然源遠流長，但在此一長流（註四）之中，能在思想觀念上居於主導地位的，總是多數人之中的少數人。從資料中見出人數的多寡，代表著這個時代中一般傾向的盛衰。明末佛教，諸宗競盛，而淨土人才之多，僅次於禪，然其流行則較諸禪宗，更爲普及。尤其雲棲袾宏，既是禪門的重鎮，更是淨土諸將中的元帥。他以禪的觀念及方法，用來弘揚淨土，使禪者歸向淨土，也使修行淨土者，得到禪修的實益。在上表之中，可以看到許多人是雲棲的弟子，其實那些人，多半是由於接觸到了雲棲或讀了他關於淨土法門的著述之後，始歸向淨土的。他對於士人階級的知識分子，特具接引方便（註五），此於整個社會風氣之改變，有著決定性的力量。此一力量一直維繫到清末民初的印光大師，也以念佛法門，勸導一般的居士。

明末的淨土人物，乃係來自各宗各派，例如無盡傳燈，是天臺學者。見月讀體，是律宗的傳人（註六）。雲棲袾宏援用華嚴五教判，蕅益智旭則據天臺四教判，袁宏道是以華嚴的氣魄來宏讚淨土。其餘多係出於禪門，唯其禪者之有淨土傾向者，除了不屬於任何宗派的尊宿（註七）之外，多屬曹洞派（註八），臨濟一系的禪家門戶，依然守得很緊。

另有值得注意的，竟有好多位，於明末之際，留下了淨土著述的人物，卻未能被收入淨土史傳之中，例如《淨土決》的作者李卓吾、《西方直指》的作者涤田一念居士、《阿彌陀經疏鈔演義》的作者古德、《阿彌陀經已決》的作者北禪大慧、《淨土生無生論註》的作者正寂和玄顯、《淨土生無生論親聞記》的作者受教、《西方合論標註》的作者張明教、《蓮邦詩選》的編者廣貴等人，其中有的是由於不被承認爲淨土教的聖賢者，如李卓吾（註九），有的則可能是無法找得他們的傳記資料。其實只要有著述留傳，都宜於淨土教的史傳書中，記下一筆，乃至僅僅頭二十字，因於類如《淨土聖賢錄》所收範圍極廣，許多被收者，也僅泛泛數十字而已，例如上表中的「朱綱」其人，各書皆收，然都語焉不詳。這也許古人著書取材，目的在於鼓舞讀者生信，不在史料的保留所致。

註解

註　一　（一）雲棲袾宏（西元一五三五——一六一五年）的《往生淨土集》三卷，《卍續藏》一三五冊。

（二）彭希涑（西元一七六〇——一七九三年）的《淨土聖賢錄》九卷，《卍續藏》一三五冊。

註　二　（三）瑞璋的《西舫彙征》二卷，《卍續藏》一三五冊。

《居士傳》五十六卷，《卍續藏》一四九冊，其編者彭際清（西元一七四〇——一七九六年），即是《淨土聖賢錄》編者之叔父。

註　三　《新續高僧傳集》六十五卷，喻昧菴居士受北京法源寺道階長老之囑，輯集自宋以迄清末的高僧傳記資料，分作：譯經、義解、習禪、明律、護法、靈感、遺身、淨讀、興福、雜識，共十篇。西元一九二三年（癸亥）初刊於北京，西元一九六七年臺灣琉璃經房影印流通。

註　四　自吳之支謙，於黃初二年（西元二二三年）譯出第一種淨土聖典《大阿彌陀經》二卷之後，陸續地翻譯及弘揚，雖然從未離開《阿彌陀經》或《無量壽經》及《觀無量壽佛經》的中心，但卻也有了許多不同的角度，給予疏釋。

註　五　參考拙作〈明末的居士佛教〉（本書第四章），文中列舉親近僧侶的明末居士之中，有記載的，達二十四位之多，實則不止此數。

註　六　參考：1.見月讀體的《一夢漫言》（香港佛經流通處藏版）。2.聖嚴著《戒律學綱要》二一一頁。

註　七　如雲棲袾宏、憨山德清、達觀眞可等，均被諸家燈錄列爲不屬臨濟或曹洞派下的尊宿。參考聖嚴作〈明末的禪宗人物及其特色〉（本書第一章）。

註　八　例如無明慧經、湛然圓澄、博山元來、永覺元賢等，均係曹洞派下的龍象。

註　九　對李卓吾其人，歷來有許多議論，雲棲袾宏於其《竹窗三筆》中，兩番評及他。彭際清於其《居士傳》卷四三之末，也有評論。總之，他不是聖賢形態的人物。

第三節　明末的淨土教著述

如前所述，淨土教在中國，雖有悠久的歷史，並受普遍的奉行，但在藏經中保存下來的著述數量，遠不及禪宗之豐富。依據《大正藏》及《卍續藏》所收的淨土專書，經統計結果：自魏迄明朝末葉，淨土書籍的撰述者，共得四十九位；撰成的淨土教的經疏著作，共得七十七種一百七十三卷，然卻少有超過十卷以上大部頭作品，不像禪宗，動不動就是十卷、二十卷乃至三十卷、五十卷的氣派，淨土教確實相形見絀。其原因可能有二：1.淨土教重在實際的信行，雖有予以理論疏解的，目的仍在以淨土的信仰作爲修行的依歸，並未形成如天臺、華嚴那種思想的系統化。實際上，淨土是佛法諸乘所同求，亦爲大乘各宗所共信，大家已將淨土經典，納入各家判攝的範圍。2.淨土教既是三根普被，智、愚、賢、不肖兼收，所以沒有像禪宗那樣，嚴守門戶，清理世譜，以證明其出身之不是濫冒，乃爲直承西天佛祖，以心傳心的直裔或嫡傳。淨土教則不須追根溯源，寫出像天臺宗的《佛祖統記》，或禪宗的各種燈錄。

明朝，自太祖洪武即位（西元一三六八年）至南明永明王亡國（西元一六六一年）的二百九十四年之間，在中國思想史上，佔有何等地位，且不去管它，對佛教文化的推展，則爲一個再生的階段。經元朝蒙古族統治八十多年之後，漢民族的佛教文化，一度衰微至於谷底，明朝開始，政府對佛教未必扶持，然到明末（萬曆前後至永曆滅亡）的百年之間，單是淨土教的專書，即有二十四種。現在列表介紹如下：

（一）明末淨土教著述表

類別	書名	卷數	作成年代	編撰者	現存
經	觀無量壽佛經圖頌	1	不詳	無盡傳燈	《卍續藏》一三三冊
	阿彌陀經疏鈔	4	〃	雲棲袾宏	〃
	阿彌陀經疏鈔事義	1	〃	〃	〃
疏	阿彌陀經疏鈔問辯	1	〃	〃	〃

經疏	阿彌陀經疏鈔演義	4	〃	古德法師	〃
	阿彌陀經已決	1	1642	北禪大慧	〃
	阿彌陀經略解圓中鈔	2	1621	無盡傳燈	《卍續藏》九一冊
	阿彌陀經要解	1	1653	蕅益智旭	(1)《大正藏》四七冊 (2)《卍續藏》一〇八冊
撰述及編著	淨土決	1	〃	李卓君	《卍續藏》一〇八冊
	答淨土四十八問	1	1584	雲棲袾宏	〃
	淨土疑辯	1	不詳	〃	(1)《大正藏》四七冊 (2)《卍續藏》一〇八冊
	西方願文解	1	〃	〃	《卍續藏》一〇八冊
	西方直指	3	1606	一念居士	〃
	淨土生無生論	1	1603	無盡傳燈	(1)《大正藏》四七冊 (2)《卍續藏》一〇八冊
	幽溪無盡法師淨土法語	1	不詳	正知較定	《卍續藏》一〇八冊
	西方合論	10	1599	袁宏道	(1)《大正藏》四七冊 (2)《卍續藏》一〇八冊
	西方合論標註	10	1620	張明教	《卍續藏》一〇八冊
	淨土生無生論註	1	1612	正寂、玄顯	《卍續藏》一〇九冊
	淨土生無生論親聞記	2	1626	受教	〃

撰述及編著	淨慈要語	2	1634	永覺元賢	《卍續藏》一〇八冊
	蓮邦詩選	1	不詳	廣貴	《卍續藏》一一〇冊
	淨土資糧全集	8	1594	莊廣還	《卍續藏》一〇八冊
	淨土十要 1.阿彌陀經要解 2.往生淨土懺願儀 3.往生淨土決疑行願二門 4.淨土十疑論 5.念佛三昧寶王論 6.淨土或問 7.寶王三昧念佛直指 8.西齋淨土詩 9.淨土生無生論 10.西方合論	10	1655選定 1668重刻	蕅益智旭 選定 成時評註	〃
史傳	往生集	3	1583	雲棲袾宏	《卍續藏》一三五冊

統計	
1.經疏類	8種15卷
2.撰述編著類	15種53卷
3.史傳類	1種3卷
4.註解撰述者	16人
共計24種71卷	

從上表所示，可以得幾點消息：

第一，依照全數的淨土著述及作者人數之比例，明末是一個不尋常的時期。這十六位撰述者的時間，也相當接近。其中以李卓吾（西元一五二七—一六〇二年）出世最早，成時重刻《淨土十要》的時代（西元一六六八年）最晚。由於李氏專志於禪，推測他寫《淨土決》，當在晚年，故距成時的時代不過六、七十年，在此期間讓三百多年後的我們，仍能見到有二十四種七十一卷的淨土典籍，是出於他們十六人的手筆。不要忘了，自魏之曇鸞（西元四七六—五五〇年）撰寫《略論安樂淨土義》，到明末的成時評點《淨土十要》，已歷一千一百多年。雖在古代由於傳抄不便，許多書籍，已被時間湮沒，明末的著作，已有印刷的便利，流傳較爲容易，然其成績之可觀，當無疑問。

第二，自隋之吉藏、慧遠、智顗等三位大師開始，迄於宋代，即陸續有人對

《無量壽經》、《觀無量壽佛經》、《阿彌陀經》分別加以疏釋弘揚，故被並稱為「淨土三經」。可是一到明朝，除了無盡傳燈撰有一卷《觀無量壽佛經圖頌》之外，便見大家熱衷於《阿彌陀經》的註解，從上表所列，即有五位。本來，淨土法門，也是屬於觀行的一類，由於《觀無量壽佛經》的落日觀、水觀、冰觀，乃至佛像觀、佛身觀、眉間白毫相觀等的西方淨土依正莊嚴觀，很不容易讓一般的人修成，倒是《阿彌陀經》所示稱佛名號的修行法，不問根器，人人皆宜，特別由於《阿彌陀經》宣示的稱佛名號，至於「一心不亂」，即得往生極樂國土的號召，也投合了修持禪定者的胃口。明末之際，禪風盛行於僧界，也盛行於居士界（註一），故以「一心不亂」的念佛方法，攝受禪客，歸向淨土。

第三，在十六位明末淨土教典的作者之中，竟有五位是居士。在此之前一千多年的淨土教理史上，雖有不少居士參與其間，但其能有整部著述留傳於藏經中的，僅得宋朝的龍舒居士王日休一人而已。自明末起，此一風氣漸開，繼之以清朝，乃至民國時代，居士的淨土著述，特別是淨土史傳如彭希涑編成《淨土聖賢錄》九卷、陳本仁撰述《種蓮集》一卷、胡珽編成《淨土聖賢錄續編》四卷、《居士傳》固由彭際清居士編成，連民國初年編成的《續高僧傳四集》，也出於居士喻味菴之手。此一由居士熱心完成的著述之多，在明末的禪宗，更加可觀（註二）。

第四，表中所列《蓮邦詩選》的編者，於題下自稱「雲棲會下妙意菴廣貴」，不知是何許人，有詩才，在《蓮邦詩選》內，妙意的淨土詩，也被選入了四十九首（註三）。

第五，《大正藏》及《卍續藏》中所收，標明是明朝的淨土教典籍者，除了上表所列者之外，尚有如下的七種：

1.	《阿彌陀經略解》	一卷	大佑述	《卍續藏》一三三冊
2.	《寶王三昧念佛直指》	二卷	妙叶集	《卍續藏》一〇八冊
3.	《淨土指歸集》	二卷	大佑集	〃
4.	《淨土簡要錄》	一卷	道衍編	〃
5.	《歸元直指集》	二卷	宗本集	〃
6.	《西齋淨土詩》	二卷	梵琦著	〃
7.	《諸上善人詠》	一卷	道衍撰	《卍續藏》一三五冊

以上七種著述的作者，共計五人，蕅菴大佑（西元一三二四—一四〇七年）、道衍（即是明太宗的輔臣姚廣孝）、楚石梵琦（西元一二九六—一三七〇年），都是明初的人，妙叶撰成《寶王三昧念佛直指》於洪武乙亥年（西元一三九五年），

也是明初人物。唯有宗本一人，發生了一些時代位置上的問題。

依據《卍續藏》一〇八冊的目錄所示：「《歸元直指集》二卷，明宗本集。」鹿園居士萬表所撰〈歸元直指序〉的年代，是很含糊地寫著「隆慶　年次四月佛降生日」。「隆慶」是明穆宗（西元一五六七—一五七二年）的年號，該算是明末了。序中也對宗本其人，作了介紹說：「延慶一元本禪師，幼習儒，長從釋，悟徹性宗，專修淨土。」（註四）

可是在淨土人的史傳資料中，沒有發現明末延慶寺的「一元宗本禪師」，倒發現了宋朝的「圓照宗本禪師」（註五）。在有關圓照宗本的資料中，又未發現撰有《歸元直指》的記載。也許正由於如此，又加上萬表的序末綴有「隆慶」年號，《卍續藏》的編者們，便將之標爲明代的人物了。

李卓吾的《淨土決》，對於宗本禪師的《歸元直指集》，極爲欣賞。可見不論宗本是宋人或明人，《歸元直指集》的出現，當在李氏的《淨土決》之先。李氏已是明末早朝人物，宗本的時代，當然更早，所以本文將之列入明末之前的著述。

註解

註　一　（一）滁田一念居士的《西方直指》序有云：「或曰方今禪毒大發，波及吾儒，汝不

　　衞儒，直搗禪巢，誠急，則治標之奇策也。」（《卍續藏》一〇八．六一七頁下）

（二）《明史》卷二二一，「耿定向傳」有云：「士大夫好禪者，往往從贄（李卓吾）遊。」

註　二　參考聖嚴作〈明末的居士佛教〉（本書第四章）。

註　三　依據古愚居士爲《蓮邦詩選》所撰的序中說：「明萬曆間，雲棲妙意菴廣貴，輯古今尊宿，讚西方、勸念佛、懷淨土、願往生之偈，分類撰成蓮華世界詩一局。」又云：「淨願社玄顒長老，拾遺增錄一百餘首，改其籤曰《蓮邦詩選》，囑余弁卷。」（《卍續藏》一一〇冊）

註　四　《卍續藏》一〇八．二三二頁上。

註　五　（一）道衍的《諸上善人詠》第五十條，說圓照宗本是天衣義懷的弟子，於宋哲宗元符二年（西元一〇九九年）。（《卍續藏》一三五．一〇五頁上）。

（二）袾宏的《往生集》卷上，也錄有「圓照宗本禪師」事蹟（《卍續藏》一三五．一四八頁上—下）。

（三）彭希涑的《淨土聖賢錄》卷三（《卍續藏》一三五．二五四頁下—二五五頁上）。

（四）喻昧菴的《新續高僧傳四集》卷四一。

第四節　明末淨土教文獻的立場

若就文獻的角度而言，應當包括如前所舉淨土教的專書，以及明末諸師著述之中，所有涉及淨土問題的單篇和片段。唯於本節只介紹專書，其餘留待另節敍述。

現在根據前節表中排列者，另作次第，分別介紹：

（一）《觀無量壽佛經圖頌》：此書作者幽溪尊者無盡傳燈（西元一五五四—一六二七年），是明末天臺學派的一代宗師。而天臺智者大師（西元五三八—五九七年），重視禪觀，在其《摩訶止觀》中所述四種三昧的常坐及常行二種，與淨土修法相當密切，所以他對淨土教的著述，有：1.《淨土十疑論》一卷，2.《阿彌陀經義記》一卷，3.《觀無量壽佛經疏》一卷，4.《般舟證相行法》一卷（闕），5.《五方便念佛門》一卷。雖然，近代以來，有些日本學者，懷疑這些著述之是否出於智者大師的眞撰或後人的僞托，論議紛紜（註一），於中國佛教史上，則從未有人提出異議。宋之四明尊者知禮（西元九六〇—一〇二八年），即依智者的《觀無量壽佛經疏》而撰《觀無量壽佛經疏妙宗鈔》（註二），祖述天臺宗的淨土學。無盡傳燈，既傳天臺學，故撰《觀無量壽佛經圖頌》，以利行人，依其頌文，修習該經所示的十六種觀法。

（二）《阿彌陀經略解圓中鈔》：如前所舉，天臺學派重視淨土教的弘揚，乃爲不爭之論。智者大師也留下了一卷《阿彌陀經義記》，至宋代，天臺宗山外派學者孤山智圓（西元九七六—一〇二二年），也撰有一卷《阿彌陀經疏》（註三），明初的蕅菴大佑（西元一三三四—一四〇七年），視其教判立場，亦係天臺宗人，依五重玄義，準孤山判攝，撰《阿彌陀經略解》一卷（註四）。無盡傳燈，讚歎此書有云：「解略不令其智退，理深不令其義闕。以略探廣，從容中道，余於吳門蕅菴大師《略解》見矣。」（《阿彌陀經略解圓中鈔》自序，參見《卍續藏》九一·七六四頁上—下）

由於《阿彌陀經略解》太好了，故依之而撰《阿彌陀經略解圓中鈔》。也就是說，以《阿彌陀經略解》所述的內容，發揮圓滿中道的圓教淨土，這是對於經中所示「一心不亂」義，給予的評價。如其自序中說：「今之爲鈔，而特（題）爲「圓中」者，意以極樂依正爲妙有，一心持名爲眞空。微眞空而莫能證於極樂之妙有；微妙有而莫顯於此心之眞空。……合是二者而行之，則圓中圓滿，非但中之道成。是故命爲鈔焉。意欲讀是（阿彌陀）經而修行者，顧名思義，誠宜一心不亂，而萬慮皆忘，則眞空之理彰；七日持名，念念相續，則妙有之理顯。行成而見佛，心淨而華開。娑婆之印壞而極樂之文成。印壞所以空其情，是之謂眞空；

文成所以立其法，是之爲妙有。」（《卍續藏》九一．七六四頁上—下）

他將西方極樂世界及彼土彌陀等眾，釋爲妙有，正以其有，所以此土眾生，有佛的名號可持，有佛的國土可求往生。他又將此土眾生的持名念佛，釋爲眞空，正以用綿綿不絕的念佛方法，達成一心不亂、萬慮皆忘的程度，心中空無一物，始能顯現極樂，本是眞空。娑婆世界是假有，極樂世界則爲妙有而實眞空。如此，乃是一行三昧，或名念佛三昧的修成。以天臺學的三諦三觀而言，《阿彌陀經》的淨土行，是即空即假中的「圓中」，不是空假中的「但中」。

(三)《淨土生無生論》：在明末之際，「唯心淨土，自（本）性彌陀」的思想，非常流行，此可在當時諸家作述之中，俯拾即是，那是禪宗的論調，所謂「明心見性」，是明自己原有的清淨心，見自己本具的佛性。《維摩經》所說的「隨其心淨，則佛土淨」，《華嚴經》的「應觀法界性，一切唯心造」，是唯心淨土及自性彌陀的依據。《淨土生無生論》的理論，則早已見於曇鸞的《往生論註》卷下，可知淨土與禪，同出一源。

此「生無生」三字，有兩重意義：

1. 若能明白，心土相即、生佛不二之理，往生淨土，是生自己心中之淨土；得見彌陀，是見自性本具之彌陀。所以往生等於無生。

2.依照一般佛法，所謂三祇修福慧、百劫成相好的難行道，人從初發心而至成佛，不僅時間遙遠，也沒有把握在五濁惡世的生死輪迴之中，經常親近三寶和修持佛性。唯有仗彌陀願力，只要生到彼國，即不退墮，直到親證無生法忍，得心自在及色自在，然後倒駕慈航，普度眾生。著眼在於往生淨土，獲得無生法忍的果德成就。

無盡傳燈，是天臺學者，偏重於觀行的理觀，故其著眼，在於第一重義。他以十門分析，以其「性具」理論的發揮，完成生即無生的觀點，頗有說服力。因此據其弟子正知，爲此書寫的跋文，有如下的記述：「幽溪大師，以性具圓理，闡淨土法門，著爲《生無生論》。初開演於新昌石城寺，每一登座，天樂盈空，大眾同聞，事非虛誑。誠五濁之大津梁，登九蓮之勝方便也。」（《卍續藏》一〇八．八五七頁下）

此書尚有其弟子正寂與玄顒的《淨土生無生論註》，孫弟子受教的《淨土生無生論親聞記》，都是很好的註解，利於讀者對《淨土生無生論》的瞭解。他們是在無盡大師座下，親聞過不知多少次的聽眾，對於筆記的整理，便完成了他們的作述。但是正寂在其註的序則說：「慮科文異帙，不便披尋，頃因會次，謬註數言，聊資初學。一往而視，似乎虛倘多駢，然所引悉經疏成言，未嘗妄加己意。」

《卍續藏》一〇九．一頁上）受教在其序中，則承認：「非但數聽數承，兼復屢請屢問、隨聞隨記，散葉盈函。」（《卍續藏》一〇九．三五頁上）

（四）〈幽溪無盡法師淨土法語〉：這是一篇開示的記錄，從其文字結構和內容怪異的情形看出，是由其弟子正知整理而成，可能無盡本人未曾過目。其前半部，明唯心淨土與本性彌陀。示念佛方法，須得輕其愛、一其念、杜其境、忽其情。理路清晰，當係無盡所述。後半部則有好幾個觀點，與無盡的其他作述相違背。例如：1.此文主張「觀想」修法，是觀佛的丈六金身（註五），其《觀無量壽佛經圖頌》則說，當觀眉間白毫爲宜，觀相太難故（註六）。2.此文主張「凡行、住、睡臥，則一心稱名，凡趺坐時，則心心作觀。行倦則趺坐以觀佛，坐出則經行以稱名。」（註七）乃是稱名與觀相，交互並修。《阿彌陀經略解圓中鈔》卻是不許將持名與觀佛相好，雜附並用的（註八）。3.此文列淨土行門爲正行與助行，助行分作世間行與出世行（註九）。《阿彌陀經略解圓中鈔》依《觀無量壽佛經》的三福業爲助行，未將助行再分世間與出世間行（註一〇）。

（五）《阿彌陀經疏鈔》：這是雲棲袾宏蓮池大師（西元一五三五—一六一五年）畢生的兩大鉅著之一，另外一部是《梵網經心地品菩薩戒義疏發隱》，略稱《菩薩戒疏發隱》或《戒疏發隱》共計五卷，外加《誦戒儀式》、《發隱事義》、《發隱問辯》（註一一）。《阿彌陀經疏鈔》的形式和《戒疏發隱》不同，《戒疏發隱》是依據智者大師的《梵網菩薩戒經義疏》（註一二），《阿彌陀經疏鈔》則係雲棲仿清涼的《華嚴疏鈔》而自疏自鈔——「疏」是提綱，「鈔」是解釋。雲棲一生，可以從他的著述而判明，共有三大事業：1.提倡律儀生活，所以他有菩薩戒、具戒、尼戒、沙彌戒的著述（註一三）。2.弘揚淨土法門，所以他有《阿彌陀經疏鈔》等七種關於淨土的著述（註一四）。3.正視禪法的功能及其實力，所以他有《禪關策進》的編集（註一五）。他是以戒律生活爲修行的基礎，以禪法爲修行生活的功能，以淨土爲修行生活的指歸。

他對《阿彌陀經疏鈔》的撰作，用力極多，用心極深，指望也極高。由於此書，未見序跋，故亦不知撰成的年代，然於雲棲的其他文獻中，屢次提到此書，可知其成書，當不是晚年。從書中自述，亦能概見其撰作的動機，他說：「慨（《阿彌陀經》的）古疏，尠見其全，惟數解僅行於世。辭雖切而太簡，理雖露而不彰。……既竭心思，總收部類五經，直指《文殊》一行，而復會歸玄旨，則分入《雜華》。貫穿諸門，則博綜群典，無一不消歸自己。」（《卍續藏》三三・三三七頁）

雲棲由於《阿彌陀經》的古疏太少，並且簡而不彰，所以發心依據彌陀淨土的

「部類五經」（註一六）爲疏釋的資料，又以提倡《文殊說般若經》專稱名號的一行三昧，爲其目的。同時以華嚴性海爲根本。至於徵引其他諸書，不過是爲了顯示淨土教的博大精深。本書引用大小乘佛經約三十種、論典四種、中國先賢的著述十七種。用得比較多的，則爲《大阿彌陀經》、《文殊說般若經》、《楞嚴經》、《觀無量壽佛經》、《華嚴經》、《大乘起信論》、《大智度論》、智者大師《十疑論》、天如《淨土或問》等。也可以說，雲棲的淨土思想，便是環繞著這些經論在發揮。

本書以《大乘起信論》的眞如一心，及《華嚴經》的清淨唯心，作爲「一心不亂」說之思想的基盤，以《文殊說般若經》的一行三昧，作爲修行持名念佛的有力旁證。以華嚴教判的方式，判《阿彌陀經》正屬大乘頓教，故與禪宗並駕齊驅，兼帶終教，因其屬於法性宗系；分屬圓教，若得理一心，即入毘盧性海。雲棲對於「持名念佛」及「一心不亂」，均分事理二釋，乃爲此書發揮最多的一大特色。

（六）《阿彌陀經疏事義》：此書是雲棲對於《阿彌陀經疏鈔》中的特定名詞用語，唯恐讀者不解其出典或涵義，故予以逐條解釋，未涉教理思想的問題。

（七）《阿彌陀經疏鈔問辯》：這是由於《阿彌陀經疏鈔》問世之後，產生了許多的回響，固然有不少人，因看了此書而對彌陀淨土，發起信心，如風吹草偃，也有不少已有立場的人，對之持有批判指謫的態度。不論正反，從各種角度的反應，可以明白，此書給予當時的佛教界，是一部極具震撼力的著作。《阿彌陀經疏鈔問辯》即是雲棲對於那些人士的質難或疑問，提出進一步的解答。此書以問答、續問答、答問的三類，共收四十五則。許多問題，在當時提出的人，也許重要，現在看來則無甚意義，而且詞意晦澀不清。能夠觸及雲棲思想核心的不多，如持名念佛、參究念佛、上智人念佛及中下根器者念佛、參禪與念佛等，倒是值得一讀。

雲棲重視史料的蒐集整理，對於禪宗，他撰有一卷《皇明名僧錄》。為淨土教則編有一部《往生集》，他將傳有往生事蹟，而載於內外百家之書的資料，隨見隨記，日積成編，共一百六十六條，始自廬山慧遠，迄於明末，選擇相當嚴格，故其自稱，此僅佔其已得資料的十分之一。用以考驗古今，作為修行淨業者的左券。

（八）《阿彌陀經疏鈔演義》：此書四卷，是雲棲門人古德大賢法師，依據雲棲的《阿彌陀經疏鈔》，所作的演義，也就是把原作更加深入淺出，務使讀者既明其精義，又不覺得困難。正如清高宗乾隆十七年（西元一七五二年）沙門惟誠寫的重刻序中所說：「蓮池大士疏注於前，古德大師演義於後，其宣明妙義，更為親

切。」（註一七）

此書作者未有序跋，作者古德法師的傳記資料亦不詳，唯從藕益智旭的《靈峯宗論》所見，他是袾宏的弟子，雲棲西逝後，古德即在雲棲寺主持法席，並且爲人證明授戒（註一八）。《雲棲法彙》卷末，附有「原本較閱弟子姓名」的緇眾中第十二人，是「古德大賢」。此外不詳。

（九）《答淨土四十八問》：此爲雲棲蓮池大師，因有虞德園居士，起大悲心，代百千眾生，提出六十八個問題，乃爲智者《十疑論》及天如《淨土或問》之所未曾發明者，請雲棲一一隨繩解紛。指出世人往往執理廢事，而妄稱「心淨國土淨」。又指明何謂念佛人的幻境、魔境、正境。應當事懺與理觀並修。又示修持不淨觀與白骨觀，不是往生淨土正因。念佛一門，即禪即教，似易而實亦難。

（一〇）〈淨土疑辯〉：這是一篇短文，也是雲棲有關淨土著述之被收入《大正藏》的唯一的一種。此文主要是針對當時空談禪理的禪門人物而發，所以主張即事而覓理，不得以說「無相話」而爲自鳴高超，當自驗仍是凡夫，所以淨穢判然。如果憎愛之情尚在，豈可高談實無佛國可以往生？

（一一）〈西方願文解〉：這是雲棲自撰〈願文〉，並自作解釋的一篇短文。佛教的發願，與神教的祈禱，形式類似，而實質迴異。祈禱純求他力，發願主在自力，即是發菩提心的一種方式。極樂教主，因地發願而成就淨土的依正功德，求生淨土者，以信、願、行，如鼎三足，所以起信之後，必須發願。宋朝的宗賾禪師，撰有〈念佛迴向發願文〉，天臺宗的慈雲遵式，也有〈念佛懺悔發願文〉（註三三）。雲棲的願文，非供他個人使用，乃在便利所有的淨業行人，文詞簡鍊明白，語語願修淨土之因，句句願得往生淨土。被收於《淨土資糧全集》卷三，也被清朝的沙彌實賢作註，流傳至爲廣泛。

（二）《阿彌陀經已決》：作者江蘇蘇州北禪寺沙門大慧，傳記不詳。北禪寺，在明初原爲天臺宗道場（註二〇），然從《阿彌陀經已決》的內容判斷，他是一位禪僧。漢月三峯法藏（西元一五七三—一六三五年）的弟子弘證槃談，爲《阿彌陀經已決》作序，則說：「北禪老尊宿，與余前三峯先師，最爲機契，盡其堂奧，積稔淵研。先師去後，酧唱者稀，養道歇心，安身於無量壽中。……縱自性天，注淨土已決一帙，蓮宗心髓，敲出殆盡。從古迨今，若疏與鈔，不下數十家，要且難駕其上者。非但祇園激揚共轍，即少林單傳，亦同風而無異。……」（《卍續藏》三三．七一三頁上）

大慧與三峯法藏，最爲契機，立足自然是禪。他以「無量」與「一念」，闡述流轉與還滅義。又以微塵攝刹土、刹土含微塵，說明唯有不會實理者，才需要求往生淨土，若已悟了眞如根本，所謂淨土，原在任何一微塵中。所以《阿彌陀經》所稱的不可思議，即與事事無礙之理相應。於此又見到他用了《大乘起信論》及《華嚴經》的立場了。

（三）《阿彌陀經要解》：此爲蕅益大師的名著之一，明代淨土教著述之被收入《大正藏》的僅五種（註二二），尤其《阿彌陀經》疏解之被收入的，僅此《阿彌陀經要解》一種。直至現代，此書仍受重視和流通。作者以天臺的五重玄義，釋本經玄談，以「現前一念心」的天臺學說「妄心觀」，釋「不亂」的「一心」，此與華嚴立場的「清淨心觀」迥異。若能執持阿彌陀佛名號，即是至圓至頓，橫談八教，豎徹五時。不必更涉觀想、參究等行（註二三）。此復異於天臺家重視觀想，也異於雲棲提倡的參究念佛。蕅益撰述本書的起緣，則如他於本書文前的提示：「淨土三經，並行於世，而古人獨以《阿彌陀經》，別爲日課。豈非有見於持名一法，普被三根，攝事理以無遺，統宗教而無外，尤不可思議也哉！古來註疏，代不乏人，世遠就湮，所存無幾。雲棲和尚，著爲《疏鈔》，廣大精微；幽谿師伯，述《圓中鈔》，高深洪博，蓋如日月中天，有目皆覩。特以文富義繁，邊涯莫測，或致初機淺識，信願難階。故復弗揣庸愚，再述《要解》。不敢與二翁競異，亦不敢與二翁強同。譬如側看成峯，橫看成嶺，縱皆不盡廬山眞境，要不失

爲各各親見廬山而已。(《大正藏》三七・三六三頁下—三六四頁上)

不知從何時開始，寺院日課，以《阿彌陀經》爲五堂功課之一（註一三三），宋以前不會如此，大概是迄於明末，已經形成了禪淨合流之風，所以各寺漸漸趨於統一，採用五堂功課，《阿彌陀經》列爲每日必誦。在明以前，不論律寺、講寺，至少禪寺不會以此爲日課的。

重視《阿彌陀經》，已如前述，是由於持名念佛的一心不亂，與一行三昧同，也可以補救禪宗偏失。故到明代，諸師競相提揚。每一位疏者、鈔者、解者，都是基於爲使淨土教的普及化而秉筆爲文。後來者，總又以爲前人所作未必夠好，見到簡略的覺得未曾舒暢，見到詳細的又覺得太過繁雜，所以不得不另寫一書。其實，此固由於時代的要求變了，更由於各自思想的角度和深度不一，以及救度眾生之悲心不能自已。

(一四)《淨慈要語》：此書作者是曹洞宗的禪師，他是無明慧經的弟子永覺元賢，他有許多著作，除了此書，尚有《永覺元賢禪師廣錄》三十卷，以及有關《楞嚴經》、《金剛經》、僧律類的作品。此書分作上下二卷，稱爲「淨、慈」二門，淨爲念佛，慈爲戒殺放生。他以眾生的本然之心，廓然常淨，迷此本然，即爲眾生。根受境染，起惑造業，沉淪五濁，若求治染還淨，則以念佛，最爲切要。以其修持最易、入道最穩、收功最速，莫如淨土一門。但他主張：「眾生心淨，則生淨土；心濁則生濁土。」（註二四）全篇以「信」、「行」、「願」三個主題爲綱要，終以參禪與念佛之配合說明爲結束。

（一五）《蓮邦詩選》：是雲棲會下的廣貴所輯，淨土教本以聲色爲誘導眾生之方便，詩是一種美詞美音的結構，古來聖哲以詩弘法的最佳例子，是印度馬鳴菩薩的《佛所行讚》（註二五）。其他諸大乘經，多半也是（散文）長行及（韻文）偈頌並用。廣貴乃一有心人，所輯的時代自周（印度）迄明，計六十三人，有關歌詠淨土依正的詩作，彙成一冊，意採極樂的莊嚴美妙，普及分享有緣之人。

（一六）《淨土決》：此是明末的怪傑李卓吾所寫，稱他怪傑，因其身世壯美而又淒迷，論其才智，儒學與佛學，皆能當得起一時俊彥。然而，他雖是陽明學派的再傳佼佼者，《明儒學案》中，不見他的地位。他有功名，並曾官至知府，《明史》列傳，僅於「耿定向傳」中，以一百零二字，附帶提及。他努力弘揚禪法，嗣後成立的各種燈錄，均未將他列入。他撰述《淨土決》，爲彌陀淨土鼓吹，卻未見容於《淨土聖賢錄》。縱然蕅益大師的《論語點睛》（註二六）引用李氏的《四書評眼》爲解，雲棲大師卻在《竹窗三筆》中，有兩則評論李卓吾的文字。清代《居士傳》的作者彭際清，對李氏也有評論（註二七）。

於《淨土決》中，他自用三種不同的稱謂：1.「引」文以「溫陵李卓吾曰」開頭。2.正文以「溫陵禪師曰」發端。3.初段正文後評案則以「卓吾和尚曰」起始。是俗是僧，亦僧亦俗。據此可以想見，李氏性格與心態之多元化，或多層面化之一般了。

《淨土決》的形式，也很特別，以致《卍續藏》的編者，弄不清其內容的目次，應該如何編出。胡亂地給予標目，竟與內容風馬牛不相及（註二八）。今依據其內容，排列其目次如下：

1.淨土決前引（卓吾自撰）

2.一心三觀（卓吾自撰）

附：卓吾評案

3.延壽禪師勸修淨業（錄自永明延壽《萬善同歸集》）

附：卓吾評案

4.行腳求師（錄自宗本禪師《歸元直指集》）

5.宗本問答（同上）

6.三大聖人現身勸修淨土

7.經論指歸淨土

8.祖師指歸西方

附：卓吾評案三則

9.西方五請（卓吾自撰）：⑴西方說，⑵念佛眞義，⑶答西方問，⑷與關僧如正書，⑸念佛八偈

以上九項中的1.、2.、9.之三項，是李氏自撰，五則評案，也出於李氏手筆。其餘諸項，皆係錄自前人的著述，6.、7.、8.之三項，雖未註明，錄自何書，主要仍是出於《歸元直指集》，只是未必依照原著次第。欲見李氏的淨土思想，當自其自撰的諸文以及評案之中窺知。

李氏特別欣賞宗本禪師主張的：「念佛法門，人皆可行。」不論何時，不拘方法（註二九），李氏的讚詞是：「此宗本一元師之書也，本欲人專修淨土，故作是書。所以詳引曲證，發明示人者，至矣盡矣。其間眞實簡便，尤諸師諸說之所未顯。一謂念佛初不問是何人。則凡以平生惡業太多自諉而不肯念佛者，謬矣。二謂念佛初不管是何時。則凡以年老及臨命終自推託，而不肯念佛者，謬矣。三謂念佛初不拘是何方法。則凡立爲一定規程，使千人同一律，千古同一樣，使人有所妨礙，而不能周遍大地者，謬矣。」（《卍續藏》一〇八．三七八頁上）

李氏重視實際、簡便、活用，這也正是禪者的精神。不過他畢竟仍是儒生，

他以孔子「吾十有五而志於學」，改爲「十有五歲，便欲志道」，此道即是死生之前的「本自無生」。所以「朝聞道，夕死可矣」的「死」，即是不再輪迴於六趣的意思（註三〇）。對於這樣的解釋法，正統儒家學者固不會同意，站在佛教的立場，也是不能苟同的。儒者的道是倫理的和邏輯的，佛家的道則是實證的。

（一七）《西方合論》：此書是袁宏道中郎居士所撰，氣勢磅礴，涵蓋廣大，乃明末淨土諸書中，最具氣魄的一種。以華嚴的境量和架構，分爲十章，每章盡可能列出十目，用示十十無盡，圓融周遍的內容。本書蒐集引用的經論及祖師先賢的著述，非常廣泛，期將淨土法門，塑造出純圓極圓的形象。他將一心不亂的念佛三昧，入於一切不可思議法門，以淨土法門，含攝五教，通貫六階。評雲棲判《阿彌陀經》分屬圓教之說，而他以五義說明《阿彌陀經》歸攝圓極教。亦評天臺大師的心佛皆屬妄境說（註三一）。袁宏道與雲棲，同以華嚴教判，疏釋淨土教，而袁氏坐落於華嚴，雲棲則運用華嚴而立足於禪，故自不同。天臺與華嚴，立場不一，觀點自殊。所以本書所用名數法相，與一般淨土教迥異，使讀者頗有新鮮感。縱觀此書內容，並無太多淨土思想的突破處，除了在理觀上加深加廣，開拓了淨土法門的視界之外，對於實際修行生活的指點及方法的改革，未見新貌。正由於作者重視形式的雄偉壯觀，使淨土教有氣象萬千之勢，故有些敍述及組織，乃屬於不切實際的鋪張。爲了維持他把淨土教的《阿彌陀經》置於「圓極」的地位，也不得不對華嚴宗的李通玄長者（西元六三五—七三〇年）批評一番（註三二）。

雖其自稱，由於取讀龍樹、天臺、長者、永明等諸論，而深信淨土。並對天親、智者、海東（元曉《阿彌陀經疏》）、越溪（不詳）等有讚歎，尤其於雲棲的《阿彌陀經疏鈔》，讚美備至（註三三）。然他仍有其自己的立場。把《阿彌陀經》舉揚爲圓極教者，乃是以袁氏爲始，可爲本書的一大特色。

根據袁氏之兄袁宗道伯修居士爲《西方合論》撰序，敍述宏道居士，自少即「少志參禪，根性猛利，十年之內，洞有所入，機鋒迅利，語言圓轉。……下筆千言，不踏祖師語句，直從胸臆流出……。」（註三四）可徵袁氏乃一領悟力極高的人，在禪修方面是得過力的，然其是否徹悟，則是問題了。禪者如果流於此端，而以爲深悟，實則與魔爲鄰矣！好在他嗣後轉而信仰淨土，並竭力弘揚，殊爲可喜。而本書的型態，即是一位從其禪悟而流露的著述。

蕅益大師給《西方合論》的評價甚高。在其《淨土十要》卷一〇所寫〈評點西方合論序〉中有云：「袁中郎少年穎悟，坐斷一時禪宿舌頭，不知者，以爲慧業文人也。後復入（華嚴）法界，歸心樂國，述爲《西方合論》十卷，字字從眞實悟門流出，絕無一字蹈襲，又無一字杜撰。雖臺宗堂奧，尚未詣極，而透徹禪機，融貫方山（李通玄）、清涼教理無餘矣。」（《卍續藏》一〇八・八六三頁下）

蕅益大師對袁氏此書，除了不肯定他對天臺思想採取不接納的態度之外，可謂盡善盡美了。這也由於蕅益本人的修學過程，亦係先禪後淨，並以淨土信仰，爲其最後歸宿。同時也將念佛法門，置於至圓至頓的地位，彼此呼應，引爲同志。

本書撰成二十一年後，即有張明教居士的《西方合論標註》刊行。張氏傳記不詳，僅由「喝石老人如奇」所寫的〈西方合論標註跋〉之中。略知《西方合論標註》之完成及其出版的一些經過。茲錄之如下：「往予攜郢中張明教（五教——原爲細字註），參訪袁中郎先生，一日出《西方合論》相視，予驚歎其禪土合源，超絕樂邦諸典，從中有未甚瞭解者，隨請質先生，命明教標註其首。及持歸南中，每欲梓以度世而未就也。歲己未（西元一六一九年），海虞文學瞿元初（純仁——原爲細字註）終後，遺法財見施，予即就其靈前，許刻經十卷，薦爲往生。……」（《卍續藏》一〇八・一〇〇〇頁上）。

所謂「標註」，是對文意不顯，或用字太簡之處，隨文略予註釋，或標於眉端，或註於字旁。既然也是原作者自己的解釋與申述，並未另有新義，只是令讀者易於理解。

（一八）《西方直指》：作者淥田一念居士，不知何許人也。因有「管志道子登甫」，於萬曆丙午年（西元一六〇六年）爲其作「題」（註三五），可知一念居士是明末一位士人的法號或齋名吧。又從作者自序的開端，即說：「袁居士撰《西方合論》，爲參禪未悟者告，余又撰《西方直指》，爲未聞西方者告。」（註三六）得悉此書成於《西方合論》之後。同時由其自序內容，知其爲儒生，而且對於儒者之中的邪士狂徒，乘機冒詐，逃匿於禪，匪唯累儒，亦且累禪的時風，口誅筆伐，深惡痛絕。他爲闢禪病禪毒，而作《西方直指》，闡揚中峯明本禪師所說：「禪者淨土之禪，淨土者禪之淨土。」並說：「他道修行，如蟻子上高山；念佛往生，似風帆張於順水。」

讀此書內容，並無全體組織，其體裁類似李卓吾的《淨土決》，有抄錄，有摘要，有自撰，分目標列，集爲一書，類爲筆記性質，不是系統的撰作。多半是錄自有關彌陀淨土的諸經，以及自天臺到明末爲止的諸賢弘揚淨土的文獻。深爲奇怪者，作者錄用雲棲袾宏蓮池大師的文獻之處，稱雲棲爲「沈蓮池」（註三七）。雲棲俗姓沈氏，出家後法名袾宏，法號蓮池，若以其所居道場代諱，通稱雲棲蓮池大師，袁宏道在《西方合論》，一次稱他爲「老宿」，另一次稱他爲「雲棲和尚」

（註三八）。這位一念居士對於其餘諸師賢德，均用尊稱，獨對雲棲稱爲「沈蓮池」。從其所錄文獻，又無法看出輕視雲棲之意，所以這位一念居士的心態，值得玩味。

此書的特色，是廣泛地摘錄古來闡揚淨土及指導修行方法的片段，沒有教判的門戶之見。只是鼓勵未聞淨土者，急速修行淨土法門，並告訴他們如何修行。

（一九）《淨土資糧全集》：本書編輯者，莊復眞的法名「廣還」，是雲棲的在家弟子。從本書的自序得知，莊氏少承儒業，旋以母病而學醫，到四十歲時，或儒或醫，均未使他落實，故又棄而習道，煉仙結果，幾成奇疾。終於受人指點，歸投雲棲座下，雲棲示以：「見性其體也，度生其用也。文殊謂修行莫如念佛，正今日之急務，子其勉之。」也就是教他用《文殊說般若經》的念佛三昧法，努力修行，他回家後，便日課「阿彌陀佛」五萬聲，以九十日爲期，念不到半期，使「此心寂然，恍若有得」。以爲如此下去，見性不難，又將何以度生？這一啟發使他廣閱淨土經論，掇其要語，分門六類，成爲六卷：1.以往生定其趨，2.以起信迴其向，3.以誓願決其志，4.以齋戒成其德，5.以日課達其材，6.以兼禪詣其極。書成送請雲棲審閱，且獲得雲棲賜「序」（註五三）。

從形式上看，這是一部類書，但卻迴異於宋朝宗曉的《樂邦文類》（西元一一二〇〇年編成）。因爲此書編集的目的，不在保存散在各處的淨土文獻，而是有助於人們的修行淨土法門。又以莊氏係雲棲門下，雖在書中，以「考證」及「謹按」的方式，附以己意，主要立場，則不出雲棲淨土的風範。故也可說，從本書的取材內容，即能更詳細地見到雲棲大師，對於修行淨土法門的要求及規範。最足令人注目的，本書雲棲爲「蓮池禪師」，最後部分，名爲「淨土兼禪章」。將禪與淨土，合而爲一，此乃由於雲棲是以禪師身分弘揚淨土。

從修持方法而言，起信心、發誓願、持齋戒、持名、觀想、持誦、參究等，全部包括。屬於禪修念佛的有四法：1.攝心念佛，2.數息念佛，3.參究念佛，4.實相念佛。由此可以明白，雲棲淨土法門，雖重視持名念佛，然也兼顧其他。實則，若從《雲棲法彙》的內容，去理解雲棲，他所關心和提倡的修行方法，應當還有「水陸」、「施食」、「放生」。若據湛然圓澄（西元一五六一——一六二六年）的《宗門或問》所見的雲棲風格，不僅致力於禪淨二門，乃是曲盡萬途（註四〇）。通經、重律、著論，禪、淨、咒、施兼弘。是一位大通家。

(二〇)《淨土十要》：此書全名是《靈峯蕅益大師選定淨土十要》，係由蕅益選定，其弟子成時編序且予以評點節略。成時在其序中稱此爲：「淨土諸書，唯此諸要，盡善盡美。」（註四一）視此十要的作者，是隋之天臺智顗（西元五三八—

五九七年)，唐之紫閣飛錫(西元七四一—七七八年)，宋之慈雲遵式(西元九六四—一〇三二年)，元之師子林天如惟則，明之鄞江妙叶、西齋楚石梵琦(西元一二九六—一三七〇年)、幽谿無盡傳燈(西元一五五四—一六二七年)、袁宏道(西元一五六八—一六一〇年)，加上蕅益智旭(西元一五九九—一六五五年)，一共九人，從學派或宗派分，智顗、飛錫、遵式、妙叶、傳燈、智旭之六人，都屬天臺學系。惟則、梵奇屬於禪系，袁宏道是華嚴禪。智旭選上《西方合論》，著眼不在華嚴而在由禪的基礎而轉入淨土。可知此《淨土十要》，重心在天臺的淨土兼收禪的淨土。雖然近世日本學者，懷疑《淨土十疑論》非智顗作(註五六)，在中國則從未有過疑問。

可是為何不選智顗的《觀無量壽佛經疏》及四明知禮(西元九六〇—一〇二八年)的《觀無量壽佛經疏妙宗鈔》？特別是雲棲袾宏的《阿彌陀經疏鈔》，在明末清初，是一部流通最廣、傳誦最多、影響力最大的著作，為何也被棄於《淨土十要》之外？無他，智旭主張持名念佛，不勸人觀想、觀像，也不贊成參究念佛(註四三)。而《觀無量壽佛經疏》、《觀無量壽佛經疏妙宗鈔》是依《觀無量壽佛經》十六觀作疏解，《阿彌陀經疏鈔》則主張參究或體究之說(註四四)。

綜合以上諸書的立場，可以略窺明末淨土教思潮之梗概。

大體言之，明末諸家淨土之說，多半將唐宋諸家對於淨土教地位之判定，作了翻案文章，雲棲批評李通玄、延壽、智圓，袁宏道也批評智者、李通玄、袾宏，都是爲了前人未將淨土法門置於圓實教，而是權頓教。傳燈主張淨土爲「圓中」，智旭亦以「至圓至頓」，視淨土教。這可說是明末淨土教的大局。其餘則係爲了補救一般禪士空腹高心的狂妄不實之偏弊，是以競相著書立說，形成一大潮流。

註解

註 一 （一）參考山口光圓著《天臺淨土教史》七七—九一頁。

（二）《佛書解說大辭典》卷二，二〇〇頁四—二〇一頁三。

（三）石田充之著《淨土教理史》八九頁。

註 二 （一）智者大師《觀無量壽佛經疏》，《大正藏》三七冊，《卍續藏》三二冊。

（二）四明尊者知禮《觀無量壽佛經疏妙宗鈔》，《大正藏》三七冊，《卍續藏》三二冊。

註 三 孤山智圓《阿彌陀經疏》，《大正藏》三七冊，《卍續藏》三三冊。

註 四 《阿彌陀經略解》釋題即云：「釋此經題，五重玄義準孤山法師以西土果人爲名方

等，實相為體，信願淨業為宗。」（《卍續藏》三三·三〇八頁下）

註　五　《卍續藏》一〇八·八六一頁上。

註　六　《卍續藏》三三·一〇五頁上。

註　七　《卍續藏》一〇八·八六一頁上。

註　八　《卍續藏》九一·八二三頁。

註　九　《卍續藏》一〇八·八六一頁下。

註一〇　《卍續藏》九一·八一六頁下。

註一一　此數種書，均收於《卍續藏》五九冊。也被編入《雲棲法彙》的第一部類。

註一二　智顗說、灌頂記《梵網菩薩戒經義疏》二卷，此書在中國流傳甚廣，但其內容形式及思想體系，與智者大師其他著述不一致，例如：1.文前玄談，不用一貫的五重玄義，而用三重玄義。2.第二出體章所述菩薩戒體，定為性無作之假色，也與智者另一名著《摩訶止觀》所說的「心法戒體」不同。由於有類似問題，故被學者們疑為不是智者的作品（《佛書解說大辭典》九卷三八六頁）。《菩薩戒疏》今被收於：1.《大正藏》四〇冊，2.《卍續藏》五九冊。

註一三　參見《雲棲法彙》的「輯古」部。

註一四　參見《雲棲法彙》的「釋經」、「輯古」的兩個部類所收各文獻。

註一五 《禪關策進》一卷，收於：1.《雲棲法彙》「輯古」部，2.《大正藏》四八冊，3.《卍續藏》一一四冊。

註一六 雲棲所謂的「部類五經」，是他對於彌陀淨土聖典的分類法，「部」即《阿彌陀經》的同部，而有詳略不同的譯本，又有宋代的龍舒居士王日休，綜合後漢、曹魏、吳、趙宋的四種譯本，糅成一部二卷的《大阿彌陀經》，加上羅什三藏譯出的小本《阿彌陀經》，合稱爲一部二種經。至於「類」係與彌陀淨土經典的同類經典，共有《觀無量壽佛經》、《鼓音王經》、《後出阿彌陀偈經》的三種經。以上五經，現均存於《大正藏》一二冊。

註一七 《卍續藏》一三三．七一二頁上。

註一八 參閱拙著日文本《明末中國佛教の研究》八三—八四頁。

註一九 收於《樂邦文類》卷二，《大正藏》四七．一七八頁下。

註二〇 《阿彌陀經略解序》有云：「師字蓬菴，大佑其諱也。爲蘇州北禪天臺講寺住持。」（《卍續藏》九一．七六四頁下）

註二一 （一）收於《大正藏》三七冊者一種，即是《阿彌陀經要解》一卷。

（二）收於《大正藏》四七冊者四種，即是妙叶的《寶王三昧念佛直指》二卷，傳燈的《淨土生無生論》一卷，袁宏道的《西方合論》十卷，袾宏的《淨土疑辨》

一卷。

註二二 《阿彌陀經要解．勸立行章》（《大正藏》三七．三七一頁下）。

註二三 「五堂功課」是指早殿兩堂：1.〈楞嚴咒〉、《心經》，爲一堂；2.〈大悲咒〉、十小咒、《心經》，又爲一堂。加上晚殿三堂：3.《阿彌陀經》、讚佛、念佛爲一堂；4.禮拜八十八佛、誦大懺悔文，又是一堂；5.蒙山施食，則爲第五堂（參考周叔迦作《法苑談叢》中的〈佛教的儀式〉章，見於《南洋佛教》月刊一八五期）。

註二四 永覺元賢云：「淨土者何？謂太虛空中，國土森列，有淨有穢。眾生心淨，則生淨土；心濁則生濁土。生濁土則障累日深，善法難成；生淨土則障累日蠲，善法易就。故學道之士，必須揀其淨穢。即淨土之中，亦有種種差別，其最爲殊勝者，則西方極樂世界也。」（《卍續藏》一〇八．一〇〇三頁）

註二五 《佛所行讚》五卷，原文爲韻文（《大正藏》四冊）。

註二六 臺灣臺北佛教書局印行《蕅益大師全集》一九冊「雜著」類《四書蕅益解》。

註二七 有關對於李卓吾的記述及評論，就手頭資料所及，摘錄如下：

（一）二十五史《明史》卷二二一，「耿定向傳」有云：「（耿氏）嘗招晉江李贄于黃安，後漸惡之。贄亦屢短定向。士大夫好禪者，往往從贄遊。贄小有才，機辨，定向不能勝也。贄爲姚安知府，一旦自去其髮，冠服坐堂，皇上官勒令解任。居黃安，日引士人講學，雜以婦女。專崇釋氏，卑侮孔孟。後北遊通州，爲給事中張問達所劾，逮死獄中。」

（二）雲棲袾宏的《竹窗三筆・李卓吾》有云：「卓吾超逸之才，豪雄之氣，吾重之。然可重在此，可惜亦在此。夫人具如是才氣，而不以聖言爲量，常道爲憑，鎮之以厚德，持之以小心。則必好爲驚世矯俗之論以自媮快。……乃至以秦皇之暴虐爲第一君，以馮道之失節爲大豪傑。……噫！《大學》言：好人之所惡，惡人之所好，災必逮夫身。卓吾之謂也，惜哉！」（《雲棲法彙》「手著」類）

（三）《居士傳》卷四三，著者彭際清以「知歸子」爲名，評論李氏云：「予始觀卓吾居士論古之書，駭其言、迹其行，動爲世詬病，以爲居士實自取之也。既而讀居士論學書，服之。嗚呼！若居士者，可謂知本者與。居士既出家，不受戒，無何，又反冠服。其戲耶？其有激而爲此耶？則予不足以知之矣。」（《卍續藏》一四九・九五〇頁上）

（四）《紫柏老人全集》卷二一，亦有「（李）卓吾（耿）天臺」一文（《卍續藏》一二六・一〇〇二頁）。

（五）《永覺元賢禪師廣錄》卷二九，亦評卓吾以王龍溪及羅近溪多用禪語而「可當別傳之旨」，爲不當（《卍續藏》一二五・七六三頁下）。

註二八　參看《卍續藏》一〇八．三五七頁下。

註二九　（一）《歸元直指》卷上云：「此法不揀賢愚，不擇貴賤，不在貧富，不分男女，不問老幼，不拘僧俗，不論久近，皆可念佛。念佛規則，亦以不拘，或高聲念、低聲念、流水念、頂禮念、攝心念、參究念、觀想念、輪珠念、行道念、住立念、靜坐念、側臥念、默念、明念、千念、萬念，皆同一念。唯要決定，信心求生淨土。果能如是行持，何用別尋知識。可謂行船盡在把梢人，達者同登安養國。」（《卍續藏》一〇八．二三〇頁下）

（二）同書又云：「所以修者不難，亦不妨一切俗事、在官者不妨職業、在士者不妨修讀、在商賈不妨販賣、在農夫不妨耕種、在婦人不妨女工、在公門不妨事上、在僧徒不妨參禪，凡一切所爲，皆不相妨。或在晨昏禮念，或在忙裡偷閑，每日或念千聲百聲，或念三五百聲，或念十聲。唯要回向發願，願往生西方。誠能如是，決定往生矣。」（《卍續藏》一〇八．二三一頁上—下）

註三〇　參閱李氏《淨土決》的「西方五請」第三篇〈答西方問〉（《卍續藏》一〇八．三八一頁上）。

註三一　（一）評雲棲分圓之說者，見於《大正藏》四七．四〇〇頁上—中。

（二）評天臺者見於《大正藏》四七．四〇一頁上。

註三二　《西方合論》卷八，論及西方淨土是權是實的問題，不贊成李長者主張「西方淨土，是權非實」的說法。故袁氏反駁云：「若約眞論，則華藏世界，亦是權立，何獨西方。……若言實，則是（李）長者誑凡滅聖，犯大妄語。」袁氏以爲，既是圓極不可思議，理應權實不二，「豈有權實」之別（《大正藏》四七・四一三頁下）。

註三三　（一）《西方合論》卷首，袁宏道自撰〈西方合論引〉，有云：「禮誦之暇，取龍樹、天臺、長者、永明等論，細心披讀，忽爾疑豁。既深信淨土……。」（《大正藏》四七・三八八頁中）

（二）《西方合論》第十釋異門有云：「夫西方大旨，經中自明；淨土要門，諸論具釋。如天親、智者、海東、越溪等，皆抉發幽微，舉揚宗趣。近則雲棲和尚，所著小本疏鈔，條分類析，精宏淵博，眞照夜途之長炬，截苦海之輕舟。」（《大正藏》四七・四一七頁上）

註三四　《大正藏》四七・三八七頁下。

註三五　《西方直指》卷末，〈題西方直指〉（《卍續藏》一〇八・六四八頁）。

註三六　《西方直指》卷首，〈西方直指序〉（《卍續藏》一〇八・六一七頁上）。

註三七　（一）《西方直指》卷上，錄出雲棲的〈淨土願文〉之下，註明「沈蓮池撰」（《卍續藏》一〇八・六一九頁上）。

（二）同書卷中，錄出「祖師指歸」項下，對雲棲文獻，開頭寫道：「沈蓮池云」（《卍續藏》一〇八・六三八頁下）。

註三八　（一）《西方合論》卷四（《大正藏》四七・四〇〇頁上）。

（二）《西方合論》卷一〇（《大正藏》四七・四一七頁上）。

註三九　（一）詳細資料，參考莊氏〈自序〉，撰於萬曆庚子年（西元一六〇〇年）（《卍續藏》一〇八・四二九頁上—下）。

（二）雲棲爲《淨土資糧全集》撰序於萬曆甲午年（西元一五九四年）（《卍續藏》一〇八・四二七頁下）。

註四〇　《湛然禪師宗門或問》（《卍續藏》一二六・三二八頁上—下）。

註四一　《卍續藏》一〇八・六五二頁上。

註四二　參考山口光圓著《天臺淨土教史》八三—八六頁。

註四三　同前註二二一。

註四四　《阿彌陀經疏鈔》卷三，將持名念佛，分作事持與理持。所謂理持，即是：「體究念佛，與前代尊宿教人舉話頭、下疑情，意極相似。」（《卍續藏》三三・四四一頁）

第五節　明末淨土教的其他文獻

此所謂「其他文獻」，是指以上所列專書之外的單篇文章，或片段文字之有關於淨土者。上節所列二十四種專書的著述者，計十六位，在此十六位著述者之中，也有好多位留下了不少其他單篇的淨土教文獻。何況此外尚有更多淨土教文獻，散見於其他人的其他著述之中。本節僅就其較爲重要而具有研究價値者，列表介紹如下：

（一）明末淨土教關係單篇文獻表

作者	文獻題名	出處	現存
	勸修淨土代言	1. 附於《往生集》 2. 《雲棲法彙》「輯古」類	1. 《卍續藏》一三五·一八三頁下—一八四頁下 2. 《雲棲法彙》
	佛示念佛十種功種	同右 同右	1. 《卍續藏》一三五·一八四頁下—一八五頁上 2. 《雲棲法彙》

雲棲袾宏（1535-1615）		
普勸爲人必修淨土	1. 附於《往生集》 2. 《雲棲法彙》「輯古」類	1. 《卍續藏》一三五・一八二頁下—一八三頁下 2. 《雲棲法彙》
談宗	《竹窗隨筆》	《雲棲法彙》「手著」類
念佛	同右	同右
妙宗鈔	同右	同右
念佛不專一	同右	同右
（評）念佛鏡	《竹窗二筆》	同右
參究念佛	同右	同右
淨土難信之法（一）	同右	同右
淨土難信之法（二）	同右	同右
淨土難信之法（三）	同右	同右
念佛不礙參禪	同右	同右
得悟人正宜往生淨土	同右	同右
淨土不可無言	同右	同右
隨處淨土	同右	同右

	晝夜彌陀十萬聲	《竹窗三筆》	《雲棲法彙》「手著」類
	禪宗淨土速遲	同右	同右
	淨土壽終	同右	同右
	龍舒往生	同右	同右
	五經口訣	同右	同右
	（評斥）念荳佛	同右	同右
	念佛人惟一心不亂	同右	同右
	西方十萬八千	《正訛集》	同右
	佛說無量壽經跋	《山房雜錄》	同右
	書淨土會語後	同右	同右
	骷髏圖說	《山房雜錄》（二）	同右
	勸修作福念佛圖說	同右	同右
	答蘇州曹魯川邑令	遺稿（一）（書簡）	同右
	蔑視西方（評鮑氏）	《竹窗三筆》	同右
小計	30篇		
	念佛求生淨土之義	《紫柏老人全集》卷2	《卍續藏》一二六・六七六頁

達觀真可（1543-1603）	念佛豈勝參禪看教	《紫柏老人全集》卷3	《卍續藏》一二六・六九二頁下
	示念佛	同右卷8	同右七六八頁
	示眾念佛	同右	同右
	豆佛禪師起龕偈	同右卷19	同右九七六頁
	豆佛禪師懸眞偈	同右	同右
	豆佛禪師停龕偈	同右	同右
	豆佛禪師撒沙藏龕偈	同右	同右
	淨土偈	同右卷20	同右九九〇頁上
	韋提觀境	《紫柏尊者別集》卷1	《卍續藏》一二七・一〇二頁上
小計	10篇		
憨山德清	示優婆塞結社念佛	《夢遊集》卷2	同右二三四頁
	示參禪念佛法	同右卷5	同右二七五頁下—二七六頁上
	示念佛切要	《夢遊集》卷7	同右二九七頁下—二九八頁上
	示印西淨公專修淨土	同右卷8	同右三一九頁下—三二〇頁下
	示修淨土法門	同右卷9	同右三二四頁下—三二五頁下
	示念佛參禪切要	同右卷9	同右三二五頁下—三二六頁下

（1546-1623）	答德王問淨土法門	《夢遊集》卷10	《卍續藏》一二七・三四五頁下—三四六頁下
	答僧海印禪淨雙修二問	同右卷11	同右三四七頁下—三四八頁上
	結社念佛修四十八願同生淨土文	同右卷40	同右八〇七頁
小計	9篇		
無明慧經（1548-1618）	念佛法要（歌）	《無明慧經禪師語錄》卷4	《卍續藏》一二五・六四頁上—下
小計	1篇		
	阿彌陀佛在拂子頭上（一）	《湛然圓澄禪師語錄》卷2	《卍續藏》一二六・一九二頁下—一九三頁上
	阿彌陀佛在拂子頭上（二）	同右	同右一九三頁下—一九四頁上
	西方事有理無	同右卷7	同右二五六頁上

湛然圓澄(1561-1626)		
念佛實能往生西方	《湛然禪師語錄》卷7	《卍續藏》一二六・二五七頁上—下
淨土偈(七首)	同右卷8	同右二九四頁
百行無如念佛好(歌)	同右	同右二九四頁—二九五頁
念佛往生爲勝方便	《湛然禪師宗門或問》	同右三二五頁下—三二六頁上
淨土非祇西方	同右	同右三二六頁
盲師無聞一概示人念佛	同右	同右三二七頁上
雲棲必不皆以念佛勸人	同右	同右三二七頁下—三二八頁下
念佛免罪是免未來生死	同右	同右三二八頁下—三二九頁上
悟心之士念不念佛無定	同右	同右三三二頁上—下
永明禪淨四料簡非指達磨心印	同右	同右三三四頁上—下
念佛是爲究心破惑除賊	同右	同右三四八頁下
小計	14篇	
雲棲禪淨一束(參究念佛)	《無異元來禪師廣錄》卷8	《卍續藏》一二五・一七七頁下
示無蹈禪人參念佛是誰	同右卷15	同右二一九頁上

無異元來（1575-1630）

淨土偈（一百八首「淨心即是西方土」）	《無異元來禪師廣錄》卷20	《卍續藏》一二五・二五九頁下—二六五頁下
淨土品（宗教答響一）	同右卷21	同右二六七頁上—二六八頁下
豎出三界與橫出三界（宗教答響四）	同右卷24	同右二九五頁下
阿彌陀經分屬圓教（宗教答響四）	同右	同右二九六頁上
《華嚴合論》淨土權實（宗教答響四）	同右	同右二九六頁上
雲棲體究非是參究（宗教答響四）	同右	同右二九七頁下
持名念佛勝於憶佛念佛（宗教答響四）	同右	同右二九七頁下
答卓發之問雲棲《彌陀疏鈔》質疑（二十三條）	同右	同右二九五頁上—三〇三頁上

	念佛文（爲雲棲一門禪人說）	《無異元來禪師廣錄》卷32	《卍續藏》一二五．三六九頁下—三七〇頁上
小計	11篇		
永覺元賢（1578-1657）	淨土四經合刻序	《永覺元賢禪師廣錄》卷13	同右五五〇頁下—五五二頁上
	示修淨業（詩四首）	同右卷23	同右六四八頁下—六四九頁上
	念佛偈（四首）	同右	同右六五四頁下—六五五頁上
	參禪與淨土無優劣（三則）	同右卷29	同右七七〇頁上—下
小計	4篇		
	四十八願（智旭自撰）	《靈峯宗論》卷1之1	臺灣佛教書局彙印本《蕅益大師全集》第十六冊統一頁號一〇二四一—一〇二五〇頁
	結壇念佛回向文	同右卷1之2	同右十六冊統一頁號一〇二八七—一〇二九一頁
	禮淨土懺文（一）	同右	同右一〇三〇二—一〇三〇三頁
	禮淨土懺文（二）	同右	同右一〇三一一—一〇三一三頁

蕅益智旭（1599-1655）		
論念佛工夫（示法源）	《靈峯宗論》卷2之1	臺灣佛教書局彙印本《蕅益大師全集》第十六冊統一頁號一〇三八六頁
絕待妙法（示王心葵）	同右	同右一〇三九八頁
念佛三要（示宋養蓮）	同右卷2之3	同右一〇四六一頁
捨淨土無好方便（示陸喻蓮）	同右	同右一〇四六二頁
持名第一（示方爾階）	同右	同右一〇四七〇頁
答卓左車（發之）《彌陀疏鈔》三十二問	同右卷3之1	同右一〇六〇三—一〇六二六頁
禪須淨，淨不須禪（答印生）	同右	同右一〇六二八頁
事一心與理一心不亂	同右	同右一〇六五三頁
念佛三昧不勞參究（答卓左車）	同右卷4之1	同右第十七冊一〇八〇四頁
示念佛法門	同右	同右一〇八〇五—一〇八〇八頁
示念佛三昧	同右	同右一〇八〇八—一〇八一二頁

念佛三昧說	《靈峯宗論》卷4之2	臺灣佛教書局彙印本《蕅益大師全集》第十七冊一〇八三七—一〇八三九頁
求生淨土訣（孕蓮說）	同右	同右一〇八三九—一〇八四一頁
持名念佛歷九品淨土說	同右	同右一〇八五六—一〇八五九頁
何謂事一心與理一心	同右卷4之3	同右一〇八九二頁
淨土著述之要者	同右卷5之1	同右一〇九五〇—一〇九五一頁
妙宗鈔與西方合論	同右	同右一〇九五七頁
參究念佛論	同右卷5之3	同右一一〇〇一—一一〇一〇頁
念佛即禪觀論	同右	同右一一〇一四—一一〇一七頁
刻淨土懺序	同右卷6之1	同右一一〇八〇—一一〇八一頁
刻寶王三昧念佛直指序	同右	同右一一〇八二—一一〇八四頁
修淨土懺並放生社序	同右	同右一一〇八九—一一〇九四頁
勸念豆兒佛序	同右卷6之3	同右一一一六九—一一一七三頁
西方合論敘	同右卷6之4	同右一一一九四—一一一九六頁
重刻寶王三昧念佛直指序	同右	同右一一二〇一—一一二〇二頁
贈鄭宗德念佛序	同右	同右一一二〇四—一一二〇六頁

刻校正大阿彌陀經後序	《靈峯宗論》卷6之4	臺灣佛教書局彙印本《蕅益大師全集》第十七冊一一二一三—一一二一四頁
合刻彌陀金剛二經序	同右	同右一一二一四頁
鮑性泉天樂鳴空集序	同右	同右一一二一六—一一二一八頁
阿彌陀經要解自跋	同右卷7之1	同右第十八冊一一二七六頁
化念阿彌陀佛同生淨土疏	同右卷7之3	同右一一三三二—一一三三七頁
淨然沙彌化念佛疏	同右卷7之4	同右一一三六〇—一一三六二頁
忍草沙彌化念佛疏	同右	同右一一三六二—一一三六四頁
念荳兒佛疏	同右	同右一一三七六—一一三七八頁
自像贊（摘錄）	同右卷9之4	同右一一六二六—一一六三七頁
淨土偈（十四首）	同右卷10之1	同右一一六四九頁—一一六五二頁
大病初起求生淨土	同右卷10之4	同右一一七六三頁—一一七六四頁
小計	41篇	

總計	
一、人數8位	二、文獻120篇
袾宏	30
眞可	10
德清	9
慧經	1
圓澄	14
元來	11
元賢	4
智旭	41

以上所列文獻，共計八人一百二十篇，係從各自的文集、語錄、廣錄之中錄出，由於有些文獻，本無標題，故依其內容所示，代爲標出，多數則原來已有標題，故一仍其舊。選出的標準，是以整篇記述或討論西方淨土者爲對象，若其文中僅有數語涉及者，則未予列出。

從以上表中各人留下關於淨土教文獻之多寡，可以顯示他們對於闡揚淨土教之熱心的程度，以及嗣後對中國淨土教信仰之貢獻的大小。其中以雲棲袾宏及藕益智旭二人，致力最多，給後來中國佛教界的影響也最大。但是他們二人之間的淨土思想，頗有出入。至於其他六人，乃係由於當時淨土教的風氣瀰漫，不得不予正視接納，尤其相傳是永明所主張的禪淨四料簡（註），爲淨土諸家，奉爲無上準則，明末諸師，大多數亦無敢對此採否定態度。然在眞正的禪者立場，這是麻煩事，如果接受了這一意識型態，便等於數典忘祖，否定了禪的功能，那還要留著禪宗之名何用？所以有些明末禪者，在此大潮流中，不便拒絕淨土，然亦提出了對禪宗功用與淨土功用對比承認的看法。這也就是除了像袾宏、智旭那種亟力弘揚淨土教的人士之外，尚有若干禪者，不能忽視淨土，而撰作了關於淨土的文獻。

有一樁事，對淨土教勢力的抬頭，起了決定性的影響，那便是明末致大力於淨土教的諸大師，如袾宏、智旭、袁宏道等，不僅都有儒家、道家學問的基礎，又是佛門的大通家，也是禪門的行家，通教理，知禪病，而導歸淨土。因爲禪有其優點，亦有其弱點，本是大補藥，對於若干乃至多數不受大補的人，反而成了劇毒。故有雲棲、智旭，特別是雲棲那樣具大福德的大師，登高一呼，大家也就不能充耳不聞了。這也是造成明末淨土教文獻之豐收的一大原因。

由於各人均有自己的學問基礎和修證經驗的立場，雖大家都講淨土教，畢竟各自的出發點不同，所見也自互異。淨土念佛，看來簡單，由因人而異的角度或立場，寫出來的淨土思想便變成不簡單了。這便是本文願意廣蒐資料，介紹給讀者的理由。

註解

註　永明延壽的禪淨四料簡是：「有禪無淨土，十人九錯路；無禪有淨土，十人九得度；有禪有淨土，猶如帶角虎；無禪無淨土，鐵床並銅柱。」在明末已傳誦極廣，而且字句形式也有不同。唯查檢永明現存的著述中，未見有此料簡記錄，想係宋以後由禪歸淨的淨土諸師，即已有此信仰的傾向。

第六節　淨土教的反對論者

此所謂反對論者，是指一些明末的僧侶或居士，站在禪宗的立場，或其他如《華嚴經》、《楞嚴經》的角度，給宣揚淨土教的大師們，提出了不同的看法。當然，這些反對論的資料，也在明末淨土教關係的諸文獻中發現，故其雖爲反對論，正好給予弘揚淨土教者的大好機會，作了更進一步的辨正疏導，多半反對論的提出者，結果竟被說服而成了淨土教的信從者及擁護者。

現在依照資料出現的先後，逐一介紹如下：

(一) 雲棲袾宏《往生集》自序所見者：「客有過我者，閱《往生集》未數傳，勃然曰：『淨土唯心，心外無土。往生淨土，寓言也。』」(《卍續藏》一三五．一二六頁下)

「唯心淨土」，源出《維摩經》，禪宗《六祖壇經》亦有此一傾向，故禪宗不信心外有西方淨土，此在《六祖壇經》亦有明示。然此乃就徹悟者言。未悟的人，既有妄心，便不能死後無生；既不能生死自主，又不能不再受生，西方淨土，總比三塗惡趣要好得多了。此一觀點在雲棲，乃是一個小問題，輕而易舉便解決了。

（二）雲棲袾宏〈蔑視西方〉一文所見：文中說有「居士鮑姓者，日誦《法華》、《楞嚴》，久之知解通利，遂作〈西方論答客問〉共三篇」。

第一篇，肯定西方實有，分作三等：

1.文殊、普賢、馬鳴、龍樹，諸菩薩所生之西方。

2.慧遠、永明等諸善知識，及蘇子瞻、楊次公等諸賢，所生之西方。

3.凡庸、惡人、畜生等所生之西方。

第二、三兩篇，謂「一心不亂」之意，非指「執持名號、念念專注」之謂。如謂「一心不亂」，即是持名念佛，那麼持名念佛者，人數之多有如雲布，鮑氏親見如此者數人，晝夜念佛，又經幾位老善知識勘驗，後來都入了魔，不可救助。故所謂「一心」，乃是各人本有之心，本自具足、靈妙。所以若依持名爲「一心」的方法來修，必入魔道。鮑氏又說：「佛刹無盡，若專教人求生一刹，其餘佛刹，豈不冷靜哉？」（以上資料出自《雲棲法彙》「手著」篇《竹窗三筆》）

類此的論難，可以見出這位鮑居士，對於佛法僅屬一知半解，對於淨土著述根本尚未入門，所以難題相當膚淺。西方淨土，依經早分三輩或九品（註一），鮑氏另作三分，毫無意義。「一心不亂」明明是《阿彌陀經》宣稱的：「執持名號，若一日、若二日、若三日、若四日、若五日、若六日、若七日，一心不亂。」

怎可說非指「執持名號，念念專注」。鮑氏至少是見過《阿彌陀經》的，他的著眼點是人皆本具的眞心。不過雲棲解釋「一心」，分作事與理的兩路：事一心是念念專注，理一心便是人皆本具的靈妙眞心了。

至於念佛入魔，實則若無明師指導，修任何觀行，都有發生身心障礙的可能，除了散心念佛，不會有問題，如修念佛三昧法，又挾雜著許多境相的觀想，入魔是有可能。然其若修他法，也會一樣。此時的鮑氏，大概尚未知道何謂修行方法。若說大家都生西方佛土，他方佛土便會冷靜，那是更見幼稚了，根本尚未知道佛土的性質和層次爲何。

結果，這位鮑居士反而成了雲棲的弟子，他的全名是鮑性泉，撰有《天樂鳴空集》，蕅益爲之作序。

(三) 雲棲《遺稿》中的〈答蘇州曹魯川邑令〉所見：此人係研究華嚴的老居士，他是讀了雲棲的《彌陀疏鈔》有感而發。他見雲棲以《阿彌陀經》一經而攬佛陀全部教說；又以持名一法而括一切修行方法；以彌陀一聖而廢《法華經》中的其他十五王子；又以《阿彌陀經》與《華嚴經》相濫而稱爲分圓。曹氏以爲：向一般大眾，宣淨土教，遇到利根人，當說上乘法。曹氏列舉惠能、誌公、齊己等禪宗祖師，掃蕩淨土往生之說。並指出：念佛求生淨土者，於修行的境界，仍屬有分別的妄心層次。我求往生，有淨土可生，乃能所分明、自他歷然、生滅宛然、欣厭紛然。所以念佛求生者多如牛毛，眞實得以往生者少如麟角。同時指出：他所遇見的雲棲會下的門人，只知津津於九品往生，若與少少涉及上乘，便駭心瞠目，或更笑之。故謂雲棲教人，只作閭巷的齋公齋婆舉止，而不具大人作略。(以上資料見於《雲棲法彙》「遺稿」(二) 篇「書簡」(二) 類)

曹氏兩番來書，雲棲也二度致答。從其提出的論點而言，曹氏是一位通曉佛法的人，所見也頗有分量。雲棲當然不會因此而放棄己說，辯論之中，還極懷信心地，勸曹氏早日回心，歸向極樂。雲棲辯稱，他雖崇尚淨土，實則與曹氏相同，心寄華嚴。所不同者曹氏以李通玄的《華嚴合論》爲最善，雲棲卻受清涼《華嚴經疏鈔》影響。雲棲也未將《阿彌陀經》與《華嚴經》並列爲圓極教，只是說《阿彌陀經》分屬圓教。說華嚴該包淨土，淨土亦通華嚴，並行不相悖。至於禪宗祖師語句如保誌公所說「智者知心是佛，愚人樂往西方」等，只是直下爲人解黏去縛，若作實法意會，便是死在古人句下了。又於修行淨土者，固然能所分明，人若未得無生法忍，必有能生所生，若實尚在有生階段，而云無生，便同斷滅見的外道。其實，曹氏述往生淨土的心理現象或心理狀態，雲棲則以修證的果位作答，自是不夠力量。以後，曹氏究竟有沒有皈信淨土，不得而知。

（四）袁宗道〈西方合論敍〉所見：記述有一位禪者，到袁氏的府上訪禪，見到桌上有一部袁宏道的《西方合論》，翻閱而未終卷，便提出了他對淨土教的看法。他以爲淨土法門，原來用以接引中下根機的人，因爲中下根機者的智慧輕微而業力深重，故藉憶佛念佛，往生淨土。如石附舟，得到彼岸。至於上根之人，洞了本源，即心是佛，即心是淨土，何假外求。於實際理中，才說成佛，已是廢話，何處尚有穢土與淨土之分，及捨此生彼之事。《西方合論》主張，悟與未悟，都宜修行淨土，豈非無事生事。（以上資料見《大正藏》四七．三八五頁下）

此君並未否定淨土法門的價值，他的論點是唯有中下根人，才需要淨土法門，上根之人自有上乘法，那便是頓悟本源自性的禪法。可謂理直氣壯。問題即出於此，人皆有不服輸的好高騖遠之心，除了少數自卑感重而缺乏自信的儒者，多半具有小聰明者，誰不希望以上根或利根者自居？以小聰明爲有悟性，以偶爾的靈感爲悟境，便形成了以凡濫聖、以理論廢事修的大毛病。因此，袁宗道列舉禪者的病態心理，歷數禪者的虛浮不實。並且介紹《西方合論》的著者，乃弟袁宏道主張的：「悟不修行，必墮魔境。」「又思行門端的，莫如念佛。」（註二）

淨土法門曲爲中下之說，本亦不是禪宗論調，宋以前的禪者，或者可說是華嚴合禪之後的禪者之中，始有少數人提倡念佛求生淨土。何況唐之《華嚴合論》主張

「一乘一大道，非樂生淨土菩薩境界」，也即是說：淨土乃三乘法中的菩薩行門。即如永明延壽，他被視爲禪淨雙修的鼻祖，他卻將淨土法門分作：1.「定心」修的「定與觀」，2.「專心」修的「但念名號」。「定心」修者，上品上生；「專心」修者，僅成末品（註三）。由於定與觀屬於禪觀行，而與禪宗混合相稱，結果以爲上根人宜修禪，中下宜念佛。其實早期的中國禪門，未見有根機利鈍之說的問題，只有接引方法的權宜。令某些人學禪，又令某些人念佛的事，原非禪者的見解。

（五）《永覺元賢禪師廣錄》卷一三所見：元賢禪師撰有一部《淨慈要語》，他是一位重視淨土法門的禪師，因此有人，曾以禪宗的立場，提出四點詰難：

1. 心量本周，渺無邊際。淨土教人，專心一土，而自局限，可知是偏而不圓。
2. 《金剛經》說：「凡所有相，皆是虛妄。」淨土教人，貪影響之外境，以爲淨土，乃是幻而非實。
3. 厭惡穢土，欣求淨土，足徵分別之心未忘。
4. 捨自心佛，往從他佛，可見狂走之情未歇。

以此四點驗之，可以證明：念佛一法，乃爲接引中下根人的方便巧設，正同黃葉止兒啼，化城納權小。

元賢的解答，則謂「專念一佛」是工夫，心量周遍是本體，不得拘泥本體而懷疑工夫。「凡所有相，皆是虛妄」，乃空宗破相之談，豈不聞「一色一香，無非中道」嗎？另外須知：人若已徹悟到家，自可沒有穢淨捨取的分別之心，普通人厭穢欣淨，乃是正在路上趕回家去，總不能責怪窮途客漢，爲何不在家中坐享其樂吧！至於捨自從他，固然不對，如今念佛一門，以心念佛，全佛是心；以佛攝心，即心是佛，原無內外之分，豈有捨從之異。（以上資料見於《卍續藏》一二五·五五一頁）

解答得相當巧妙，可是，禪宗講究不存偷心，不將心求悟，亦不將心待悟，始爲正確用工夫的態度。念佛目的爲求生西方，雖說「以心念佛，全佛是心」，理可通而事實有捨從之情。一定要將此問題湊合溝通，的確不易。

註解

註一　《無量壽經》分爲上中下三輩，《觀無量壽佛經》分爲九品（參考《華岡佛學學報》六期拙作）。

註二　見〈西方合論敍〉（《大正藏》四七·三八七頁下—三八八頁上）。

註三　《華嚴合論》及永明延壽對淨土行的論述，見於雲棲《彌陀疏鈔》卷三的引述及評破（《卍續藏》三三·四四九頁）。

第七節　明末淨土教的修證方法

此所謂修證方法，是指明末淨土教的大德們究竟以何自修自證，又以何方式教他人實際修行？由於各自的背景不同，先入爲主以及對於佛法的體驗不同，便形成了各人的自信。以此自信以爲是正確的觀念，加上淨土教的教義配合，便構成了形形色色的淨土教思想。雖同名之曰弘揚淨土法門，其實各有千秋，這對於沒有辨別能力的人而言，的確會因此而無所適從，對於作爲研究的內容而言，倒頗有目不暇給的豐收之感。現在且以各別的個人爲單元，作各別的個案介紹如下：

（一）雲棲袾宏的修證方法

1雲棲個人的修證

他是一位著重實際的修行者。我們可從兩處，見到他晚年時的自我表白。

(1)〈勸修淨土代言〉一文的開端，即說：「袾宏下劣凡夫，安分守愚，平生所務，惟是南無阿彌陀佛六字。今老矣！儻有問者，必以此答。」（見《往生集》附錄，《卍續藏》一三五．一八三頁）

(2)〈大師自責篇〉中所見，雲棲的內心世界，相當地沉重，並且憂惶不已。

其自驗於身、口、意三業之中，身業僅守其大者，口業則未能不作世諦雜談、無知臆說、觸忤時賢、惱辱卑幼，意業尤甚，貪欲、瞋嫉、愚癡等念，或乍滅而倏生，或似無而實有，或任運而忘禁、或力制而彌強。因此，他自知是一位具縛凡夫，去道遼遠。所以終日竟夜，慚愧憂惶，行住坐臥，如在荊棘。若曰見道已徹，無所藉於師友，則吾豈敢。（以上資料見《雲棲法彙》「遺稿」（三）之補遺）

這位禪淨兼修、宗教並通的一代大師，心境竟然如此沉重，對於未知修行爲何物的人們，可能無法瞭解，若由曾下過修行苦功的人看來，這種現象正是有大修行的表徵，雖然這種例子不容易從禪者的傳記中多見，倒是與天臺的慧思禪師等的風範（註一）相似。可是禪宗的《六祖壇經》中，也說了「常自見己過，與道即相當」的話。修行者經常明白自己在做什麼，便是正念分明，縱有三業犯過，那是無始以來的積習使然，若不住於定中，三業不能無過，卻能歷歷自明，這絕不是等閒工夫。所不同者，《六祖壇經》又說：「邪來煩惱至，正來煩惱除。」「淨心在妄中，但正無三障。」所以禪者知過而不致憂惶。這是宗教家與禪修者的不同之處，淨土教的功能中有類於一般宗教之點。從這一點看，雲棲確是一位禪者之中的宗教家。

2 雲棲主張的淨土法門

淨土法門的往生西方淨土的條件：⑴依據《觀無量壽佛經》，有二個：第一當修三福，第二當修十六種觀想法。基以人天道德的生活爲基礎，加上修持特定的禪觀，以及發願往生極樂。⑵依據《無量壽經》，也有二類：第一蓮花化生者，需要發菩提心、專念無量壽佛、願生彼國，爲共同要求。以修行的勤惰多少而分三輩：下輩者，若能一向專意乃至十念念佛，也能往生彼國。第二是有疑不決，修諸功德，願生彼國者，則爲邊地胎生。⑶依據《阿彌陀經》，則云：「不可以少善根福德因緣，得生彼國。」又云：「若有善男子善女人，聞說阿彌陀佛，執持名號，若一日、若二日、若三日、若四日、若五日、若六日、若七日，一心不亂。其人臨命終時，阿彌陀佛與諸聖眾，現在其前。是人終時，心不顛倒，即得往生阿彌陀佛極樂國土。」（註二）

由於《無量壽經》及《阿彌陀經》，同說念佛法門，雲棲稱此二經爲同「部」。雲棲的主張，也以此二經爲重心，不贊成觀想法，並且以爲「三福」（註三）是人天行的少福德，二乘人不發菩提心是少善根。而說：「欲生彼國，須多福多善，今持名，乃善中之善，福中之福。正所謂發菩提心而生彼國之因緣也。」（註四）也就是說，只要念佛，便萬善具足、萬行兼收了。

因爲雲棲主張，念佛一門，有四大方便（註五）。念佛是捷徑中之捷徑（註六)。所以他反對孤山智圓(西元九七六—一〇二二年)所說,《觀無量壽佛經》是「定善」,《阿彌陀經》是「散善」之論。雲棲以為《觀無量壽佛經》修行,是「一心作觀」,《阿彌陀經》修行,是「一心稱名」。兩者同依一心,何有出入(註七)。

雲棲將《阿彌陀經》中「一心不亂」的「一心」二字,解釋為:「不以有心念,不以無心念,不以亦有亦無心念,不以非有非無心念。」「念而無念,是名一心。」「一心不亂,不異一念不生,焉得非頓。」(註八)

此之「一心」念佛,是指「持名」的功能,執持「阿彌陀佛」的名號,持之得法便得「一心」。雲棲徵引智者《觀音義疏》的論點說:一心稱名,有事一理,存念觀音,無有間斷,名「事一心」,此心與空慧相應,名「理一心」(註九)。

「一心」既由持名而得,雲棲又將持名,分作「事持」與「理持」。事持,得生下品,理持又有深淺,可與《觀無量壽佛經》的三觀修法,冥契不二,不愁品位不高(註一〇)。雲棲又說,念佛有二種,念佛心性者為「理」,念佛身名者為「事」。理念見真佛,事念見應佛(註一一)。

如何使用持名方法?雲棲也有說明:⑴事持,必須憶念無間;⑵理持,則須體究無間。

所謂「事持」,但持「阿彌陀佛」洪名,又可分為:⑴出聲稱念的「明持」。

⑵無聲密念的「暗持」。⑶微動唇舌念的「半明半暗持」，亦如咒家的「金剛持」。⑷記數或不記數持。

所謂「理持」，稱作「體究念佛」，與禪宗教人舉話頭、下疑情相似。聞佛名號，不唯憶念，即於能念所念的念上反觀，體察究審，窮其根源，體究之極，便能獲自本心。此「理持」法，不專事相，屬慧門攝，兼得定故（註一二）。

雲棲將念佛法門的⑴稱名、⑵觀像、⑶觀想、⑷實相之四種之中，只取稱名與實相，不許觀像及觀想的色像（註一三）。並且即以稱名念佛而直貫實相念佛，由事一心而達理一心。此乃受了《文殊說般若經》所闡念佛三昧法的影響，也可以說：雲棲依據《文殊說般若經》，而貫攝淨土教的念佛法門。主張事理兼顧，由事入理，理通於事。因此他說：古人所謂將理觀及持名分開，以為「愚人求淨業」者，乃由於未明事一心與理一心的道理之故（註一四）。

古來對於西方淨土之屬於三身四土中的哪一土，頗有議論。在雲棲則以為：事持理持，事一心理一心，既各有深淺，最高與眞佛同土，最低與化佛同國。輕易地把這個爭論解決了。而且也把禪與淨土之異的問題解決了。是故雲棲教人，多以念佛三昧相示。他本人雖然重視福業如布施、持戒、放生、度眾等行，然其畢竟主張：但持阿彌陀佛名號，便是多善根、多福德，是定中之定（註一五）。此固然高舉了持名念佛的法門，又何以兼顧多數無法修得念佛三昧的人？對於有時間、有財力、有體力、有心力的人，能夠修成念佛三昧，固然太好；於一般俗務纏身的人，或身心病弱的人，便不容易了。同時雲棲依據經文，主張念至一心不亂，命終始得往生淨土，若於臨終不得一心，不生彼國（註一六）。一般而言，得定者生禪天，上品生者固須定慧雙運。要求一般的念佛者，必須具備定功，亦殊不易。若不拘泥於「一心」，但要求不受俗情世累所動的「不亂」，以及「不」起淫、怒、癡等的「顚倒心」，便可往生彼國的下品，當較合理也，否則何得名爲殊勝方便的念佛法門？

（二）無盡傳燈的修證方法

無盡大師是站在天臺宗的立場，但也有他自己的發明。他的傳記資料太少，著述雖多，卻不易發現述及他自己的事。對他個人的修證經驗，只好擱置，現在從他的著述所見，有關如何修行淨土法門者，介紹如次。

無盡認爲，於此像法及末法之世，眾生根器譾劣，自力參悟者，有的是修而不悟，有的雖悟而不精，內照似脫，對境尚迷。何況菩薩有隔陰之昏，初果有入胎之昧。所以諸佛菩薩，曲垂方便，有仗他力之法門，此則當以極樂世界念佛一門為究竟（註一七）。

又舉楊傑序智者大師《淨土十疑論》有云：「愛不重不生娑婆，念不一不生極樂」之句，主張念佛宜一其心，懇切持名，專志不亂為原則。念佛而不能一其心者，係由於情愛所牽。愛輕則念一，念一則愛必輕。只要有一念之不一，臨終必為此不一之一念所累。欲輕其愛，必杜其境，所謂杜境，乃是「即境以了其虛，會本以空其末」。萬法本自不有，有者是情，情在物在，情空物空，而本性自現，則成唯心淨土與本性彌陀（註一八）。欲一其念，宜有三法並行，便是《阿彌陀經》宣示的：1.信有彌陀淨土，2.執持名號，3.發願往生（註一九）。且不論信與願，無盡如何說明修行持名念佛的方法，是我們急想知道的。

無盡引用智者《觀無量壽佛經疏》及四明《觀無量壽佛經疏妙宗鈔》，說明「行」分正助二門：1.三福淨業，是助行。2.持名、發願、迴向，便是「多善根、多福德」的正行，即是往生淨土的正因。正行的要求，是達於「一心不亂」（註二〇）。一心分事理二部。「事一心」者，無分散意，念念無間，念力勇猛，能排雜念。「理一心」者，了達能念之心，及所念之佛，皆無自性，雖本來空寂而感應道交，空、假、中，三諦圓融，不可思議。然而理一心，必須先假持名的事中一心，以為基礎。理中一心，不過是用解力融通，使之不滯於事相，以為殊勝之因。如果忽略事一心，豈能成就一念，又豈有伏惑之功（註二一）。

念佛之人，如何能生淨土？無盡以爲：「一心不亂，則惑道伏；淨業成就，則業道清。」「臨終在定之心，即是淨土受生之心。」（註二二）

無盡又依天臺的三諦三觀，論一心不亂；以四料簡，論持名與一心；以方等教義，釋藏、通、別、圓的一心與持名；又以法華圓教義，分釋四教的一心義。圓人一心持名之時，既是事一心，也是理一心，更是事理相即之一心（註二三）。於是，凡夫當下現前求生淨土的念佛之心——至微至劣的介爾之心，即此心便是十萬億國土外的極樂世界，極樂國土即是此介爾之心（註二四）。彌陀即是我心，我心即是彌陀（註二五）。念佛之時，此介爾之心，舉體與三種佛身及四種淨土相同，但隨功行的淺深，而成品位之高下（註二六）。因此，即今念佛之心，便是當來花池受生時心，只要發心念佛，極樂寶池已萌蓮種。若能精進不退，蓮花日益生長，隨其功德大小，亦成大小不同之蓮花。如果懈怠退悔，蓮花日漸萎頓。若能悔悟自新，蓮花又復鮮麗（註二七）。

無盡以爲，臨終「在定」的一心，便是淨土受生之心。此一見解與雲棲同。然在無盡的《觀無量壽佛經圖頌》的「下品下生頌」，有云：「是人苦迫不遑念，復勸高聲稱佛名。高聲稱念盡一氣，具足十念稱佛名。念念滅除多劫罪，即乘佛力生淨土。」（註二八）臨終之際，痛苦煎迫，若能高聲念佛，連續盡十口氣，即得往生淨土，係據《觀無量壽佛經》原文「如是至心，令聲不絕，具足十念，稱南無阿彌陀佛」，即得下品下生之旨。《觀無量壽佛經》未要求「定心」，只要求「至心」。無盡大師也未否定，縱然未得三昧定心，只要至心，具足十念，也有下品往生的保障。此與雲棲堅持「一心」往生者，略有不同。

（三）蕅益智旭的修證方法

1蕅益個人的修證

關於蕅益大師在修行及其證驗方面的情況，筆者曾於《明末中國佛教の研究》一書中，以第三章全章共計一百頁的篇幅，予以分析介紹，他一生中使用過的修行方法，實在不少，例如寫願文、禮懺、持咒、刺血、燒臂燃頂，而以參禪爲始，歸宿則是淨土。他的悟性特別強，故在二十歲時，因詮《論語》而悟；二十四歲，因坐禪而悟；三十九歲，因著書而悟。但他與淨土教念佛修行的因緣也很早。二十二歲時，即有「專志念佛」的心跡。到二十八歲，掩關期間，生了一場大病，驗知平日以爲得力處，分毫都用不著，故以參禪工夫，求生淨土。三十一歲，拜見無異元來禪師，乃知末世的禪門流弊，便棄禪修淨了。四十七歲時，則自稱「念念求西方」。晚年時，曾三次提到「下品蓮生」的願望。因爲他是一位罪惡感極重的大師，故其自驗，只夠受佛「接向下品蓮花安置」的條件。（以上資料，參看拙著《明末中國佛教の研究》二七四至二七八頁）

蕅益只求下品蓮生的心態，一般人也是無法理解的。他是弘揚念佛法門的一代大師，專志於淨土三十多年，結果只求下品，對於一般世俗間人，又如何敢望彌陀接引？此可能有如下的幾點原因：

(1)天臺宗人，自南嶽慧思開始，即善於檢查自己的心行，修行者的罪障感，是從內外的困擾而來。修行越努力，困擾越現得多，此本係通常現象，所謂道高魔更高。

(2)蕅益有過坐禪的悟境，卻於大病之時用不上力，自覺功力太差。實則，悟境表示慧深，病障象徵福薄，果報如此。

(3)當時蕅益所見佛教界的病態，極爲嚴重而普遍（註二九），所以自我要求的心行標準太高。

(4)最大的原因，是他從十二歲起，由於受了儒者的影響，曾經「誓滅釋老」，作闢佛論數十篇。至十七歲，讀雲棲的《自知錄》及《竹窗隨筆》二書，始幡然改信佛法，因此一生都有謗法罪的心理負擔（註三〇）。甚至自稱：「旭十二、三時，因任（孔、顏之聖）道而謗三寶，此應墮無間，彌陀四十八願所不收。」（註三一）此所謂菩薩畏因，愚人畏果。能有如此檢點，正顯出他的道心高超。

2蕅益主張的淨土法門

蕅益於其《阿彌陀經要解》序論中說：「一切方便中，求其至直捷、至圓頓者，莫若念佛求生淨土。又於一切念佛法門之中，求其至簡易、至穩當者，莫若信、願、專持名號。」（註三二）又於「法語」中說：「超生脫死，捨淨土一門，決無直捷橫超方便。而生淨土，捨念佛一法，決無萬修萬去工夫。」（註三三）此處所言淨土法門，自然是指往生西方阿彌陀佛極樂國土的修行方法。此種方法，以念佛為要門。念佛之法，則有多種，蕅益為之列出三類（註三四）：

⑴唯念他佛：即是憶念彌陀的果德莊嚴，專心注意。憶念之法，又可分為五種：①憶名號，②想相好，③緣四十八願的往昔洪因，④思力無畏等現在勝德，⑤觀正報或依報。不論憶念那一種，念時貴在歷歷分明，一心不亂，則三昧成功，徑登淨域。

⑵念自佛：即是觀此極微弱極陋劣的介爾現前一念之心，無體無性，橫遍豎窮。具足百界千如種種性相，與三世佛，平等無二。觀至功深力到，圓伏五住，淨於六根，豁破無明，頓入祕藏，即與禪宗諸祖相等。

(3)俱念自他佛：此即了知，心、佛、眾生，三無差別，托彼彌陀果土之依正，顯我自心之理智。由我心性本具不可思議功德，諸佛果中亦具不可思議威力，彼此感應道交，自他不隔，極果圓因，稱理映發。此乃禪淨雙修，所謂「有禪有淨土，猶如帶角虎」，便是指的這一類的圓人念佛而言。

以上的分類法，蕅益自稱，是依據《文殊說般若經》、《般舟三昧經》、《觀無量壽佛經》所示（註三五）。可是，蕅益自己既認爲所有的念佛法門之中，又以持名念佛，至簡易、至穩當，故撰《阿彌陀經要解》，大力闡揚持名勝義。而說：「惟此持名一法，收機最廣，下手最易。可謂方便中之第一方便，了義中無上了義。」（註三六）。

《阿彌陀經》有云：「不可以少善根福德因緣，得生彼國。」蕅益的《阿彌陀經要解》說：「菩提正道，名爲善根，即是親因。種種助道，施戒禪等，名爲福德，即是助緣。」又說：「唯以信、願、執持名號，則於一一聲中，皆悉具多善根福德。」（註三七）此說與雲棲相同，持名一法，即含正助二行。

持名念佛，也分「事持」及「理持」。所謂「事持」，即是雖已信有西方阿彌陀佛，尚未達到《觀無量壽佛經》所言「是心作佛，是心是佛」的境域者，由於決志求生，如子憶母，無時暫忘。所謂「理持」，即是信彼西方阿彌陀佛，是我心具，是我心造。即以自心所具所造之洪名，作為繫心之境，令不暫忘（註三八）。

由持名工夫，達成「一心不亂」的目的，即得往生彼國，這是《阿彌陀經》的根本要旨。蕅益《阿彌陀經要解》，也分「一心」成「事理」二門。所謂「事一心」，不論事持或理持，持至伏除煩惱，乃至見思先盡，皆名「事一心」。至此，不為見思所亂，感變化身佛及諸聖眾，現在其前。其心不復再起三界的三有顛倒，即得往生同居及方便的兩種極樂淨土。所謂「理一心」，不論事持或理持，持至心開，見本性佛，皆名「理一心」。至此，不為空有等的二邊之見所亂，感受用身佛及諸聖眾，現在其前。其心不復再起生死涅槃等的二見顛倒，即得往生實報和寂光的兩種極樂淨土（註三九）。

又以持名念佛的功力淺深，配合九品蓮生。他說：①深信願切，念佛時心多散亂者，下品下生。②深信願切，念佛時散亂漸少者，下品中生。③深信願切，念佛時便不散亂者，下品上生。④念到事一心不亂，不貪、瞋、癡者，中三品生。⑤念到事一心不亂，任運先斷見思塵沙，亦能伏無明者，上三品生（註四〇）。

又以持名念佛的斷惑多少，配合四種淨土往生。他說：①信願持名，消伏業障，帶惑往生者，生凡聖同居淨土。②信願持名，見思斷盡，而往生者，生方便有餘土。③信願持名，豁破一分無明，而往生者，生實報莊嚴土。④信願持名，到究竟處，無明斷盡，而往生者，生常寂光淨土。若達當下即是寂光，便是往即非往，生即無生，無生而生（註四一）。

雖然如上所說，念佛時心多散亂，只要深信願切，亦得往下品下生。《阿彌陀經要解》以《阿彌陀經》，置重一心不亂，故亦不得不說：「悠悠散善，難敵無始積罪」，所以「不定往生」，唯其散心稱名，「亦必除罪」，由於「一稱佛名，便爲成佛種子，猶如金剛，終不可壞」（註四二）。《觀無量壽佛經》的九品往生，和《阿彌陀經》的一心不亂往生之間，頗有出入。著重於他力而言，能夠有心往生，未得定力，應可往生下品。若著重自力，則定力雖不是往生之正因，若能加上定力而又信願往生者，更爲正確可靠。若據《觀無量壽佛經》所說的下品下生，似乎不須非得一心。

3蕅益反對「參究念佛」

前節已經提及，蕅益智旭不贊成「參究念佛」之說，那是爲了什麼？此係從雲棲及蕅益兩人，對於「事持」、「理持」的兩辭，所持不同的觀點而來。雲棲以禪者的立場，弘揚淨土，重視定慧均等的修持法，故將事持釋爲但持彌陀名號，不作觀想。將理持的程度提至事持之上，除了持名，尚得提起內觀內審的「體究」

之法，究此能念的我及所念的佛之本體是什麼？用此方法，既屬淨土行者的持名，又似禪者參話頭。目的在於肯定禪法的功能，攝收禪者，歸向淨土，稱爲禪淨雙修。

至於蕅益所說的事持，是指在理路的信念上，尚未到達「是心作佛，是心是佛」的程度者，以爲我能念佛，念的是自心之外的西方阿彌陀佛，所以如迷失的幼兒，憶念母親，呼喚母親，等待母親來迎救援。理持則此念佛之人，已知能念的此心，及所念的彼佛，本是同體，只是尚未現證同體的經驗，所以假佛的名號，繫念不已。雖只是繫念佛號，卻已心繫於佛、心向於佛、心應於佛。若此念佛之心不亂不散、不改不變，此心即是佛心佛土，所以不必另用參究的方法了。這一點，我們必須先從天臺宗的理事觀中瞭解，例如無盡傳燈的《阿彌陀經略解圓中鈔》所述：「理中一心，要須先假持事中一心，以爲其本。理中（一心），不過用解力而融之通之，使無滯事相，以爲殊勝之因。」（註四三）可知天臺學者的「理」，不是方法的經驗，而是知解力。禪宗講求悟境，天臺重視斷惑，悟境是可以用話頭等方法突現的，斷惑則是逐步完成的。天臺的圓教中人，是信念的理解與佛一體，不是實際地經驗到與佛一體。所以只要深信，此一現前的介爾一念，與三世諸佛，無二無別，再假以事修，便是全性起修、全修在性。念佛法門，除了事持，當然不用什麼其他的方法了。

有關蕅益反對參究念佛之說的文獻，試舉如下：

(1)〈參究念佛論〉有云：「顧念佛一行，乃有多塗，《小經》重持名，《楞嚴》但憶念，《觀經》主於觀境，《大集》觀佛實相。後世智徹禪師，復開參究一路。雲棲大師，極力主張淨土，亦不廢其說。但法門雖異，同以淨土爲歸，獨參究之說，既與禪宗相濫，不無淆譌可商。……古人本意，原欲攝禪歸淨，於禪宗開此權機。令人錯會，多至捨淨從禪，於淨宗翻成破法，全乖淨業正因。……然淨土之禪，本不須參究，但一心不亂即靜，名號歷然即慮。……故知參究念佛之說，是權非實，是助非正，雖不可廢，尤不可執。」（《靈峯宗論》卷五之三）

(2)〈梵室偶談〉第四十七則云：「雲棲大師，發揮念佛法門曰：有事一心不亂，理一心不亂。說者謂：持名號，是事一心；參『誰』字，是理一心。亦何謬也！夫事一心者，歷歷分明，不昏不散是也。理一心者，默契無生，洞明自性是也。是參時話頭純熟，猶屬事門；念時心佛兩忘，即歸理域。安得事獨指念，理獨指參也。又參『誰』字，謂之究理則可，謂理一心不可。然非其人，即究理亦未可輕易，何以故？事有挾理之功，理無隻立之能。幸審思之。」（《靈峯宗論》卷四之三）

(3)《阿彌陀經要解》有云：「阿彌陀佛，是萬德洪名，以名可德，罄無不盡。故即以執持名號而爲正行，不必更涉觀想、參究等行。」（《大正藏》三七．三七一頁下）

文中所見，「參究念佛」的方法，是元朝的智徹禪師所發明，《卍續藏》一一三冊，收有「西蜀野衲智徹述」的《禪宗決疑集》一卷。他也不是專以「參究念佛」教人，他說：「或有參無字者，或有參本來面目者，或有參究念佛者。公案雖異，疑究是同。」（註四四）而智徹禪師本人在俗時，專心念佛，出家後則由其師雲峯和尚教參「萬法歸一，一歸何處」公案（註四五）。

蕅益批評雲棲不廢參究念佛之說，其實雲棲《阿彌陀經疏鈔》所用是「體究念佛」，未用參究念佛之名，參究是問出「念佛的是誰」，體究則審查能念的心與所念的佛，本原之體是什麼？性質類似而方法稍異，所以無異元來也特爲此點，替雲棲提出辯正（註四六）。正由於無異禪師的淨土思想，是受雲棲的影響。故主張「若得心淨即得國土淨」，此係禪者的立場，本係《維摩經》的思想，所以寫了一百零八首的〈淨土偈〉，每首均以「淨心即是西方土」開頭（註四七）。蕅益見了，不以爲然，作出〈淨土偈〉十四首，每首皆以「西方即是唯心土」開始。蕅益的意見是：「淨心即是西方土」，以因攝果，若讀者不達，即成以理奪事，而有破法之危。若謂「西方即是唯心土」，是以果明因，俾以事扶理，補偏救弊（註四八）。詳細考察蕅益的「唯心」，乃是天臺家所說即妄即眞的現前一念心，是即空、即假、即中的圓中之心，即此凡夫當下的念佛心。所以此間的凡夫，雖還不曾往生西方，而彼西方即在此凡夫當下的一念心中。是以蕅益非常愛用永明延壽所說的話：「以一念相應即一念佛，一日相應一日佛。」或：「一念相應即一念佛，念念相應即念念佛。」（註四九）此所謂「一念」，絕對是指凡夫當下的妄念心。這一思想的源頭，是天臺學的「一念三千」論，以及「性具」說。無盡傳燈的《阿彌陀經略解圓中鈔》也說，非天臺之性量、性體、性具，不可以明「唯心淨土，本性彌陀」之妙法（註五〇）。雲棲是以華嚴之禪爲立場而弘揚淨土，蕅益是傾向於天臺的無盡而宣念佛法門。南轅北轍似的淨心與妄心之諍，也在明末的淨土教思想方面扮演了重要角色。

註解

註一　南嶽慧思（西元五一五—五七七年）撰有〈立誓願文〉有云：「慧思自量，愚無道德，不肯隨勅，方便捨避。」又云：「若不自證，何能度人。」又云：「不得他心智，不應說法。」又云：「我今入山修習苦行，懺悔破戒障道重罪。」（《大正藏》

四六・七八七頁中、七九一頁下）

註　二　此三經所說的條件，參閱拙作〈淨土思想之考察〉刊於《華岡佛學學報》第六期。

註　三　《觀無量壽佛經》的「三福業」，是：1.孝養父母，奉事師長，慈心不殺，修十善業。2.受持三皈，具足眾戒，不犯威儀。3.發菩提心，深信因果，讀誦大乘，勸進行者（《大正藏》一二・三四一頁下）。

註　四　《阿彌陀經疏鈔》卷三（《卍續藏》三三・四三六—四三七頁）。

註　五　見《阿彌陀經疏鈔》卷一，所謂四大方便：1.不值佛世，得常見佛。2.不斷惑業，得出輪迴。3.不修餘行，得波羅密。4.不經多劫，得疾解脫（《卍續藏》三三・三四一頁）。

註　六　《阿彌陀經疏鈔》卷一（《卍續藏》三三・三四七頁）。

註　七　同上（同上三五一頁）。

註　八　同上（同上三四九頁）。

註　九　（一）《觀音義疏》卷上有謂「經云：一心稱名，有事有理。」（《大正藏》三四・九二三頁上）

（二）《阿彌陀經疏鈔》卷一（《卍續藏》三三・三五一頁）。

註一〇　《阿彌陀經疏鈔》卷一（《卍續藏》三三・三五二頁）。

註一一　《答淨土四十八問》之第三十七條（《卍續藏》一〇八・三九五頁）。
註一二　《阿彌陀經疏鈔》卷三（《卍續藏》三三・四四一—四四二頁、四四五頁）。
註一三　同上（同上四四二頁）。
註一四　同上（同上四四九頁）。
註一五　同上（同上四四八頁）。
註一六　同上卷四（同上四五九頁）。
註一七　《幽溪無盡法師淨土法語》（《卍續藏》一〇八・八五八頁）。
註一八　同上（同上八五八頁—八五九頁）。
註一九　（一）《幽溪無盡法師淨土法語》謂：一念之道有三：信、願、行。行分正助，正行又分兩門，一者稱名，二者觀想（《卍續藏》一〇八・八六〇頁）。
（二）《阿彌陀經略解圓中鈔》則謂三福業爲助行，持名爲正行（《卍續藏》九一・八一六頁）。
註二〇　《阿彌陀經略解圓中鈔》（《卍續藏》九一・八一六頁）。
註二一　同上（同上八一八頁）。
註二二　同上（同上七八九頁）。
註二三　同上（同上八一九頁—八二〇頁）。

註二四　《淨土生無生論》第三「心土相即門」（《大正藏》四七・三八二頁中）。

註二五　同上第四「生佛不二門」（同上三八二頁下）。

註二六　同上第五「法界爲念門」（同上三八二頁下）。

註二七　同上第十「現未互在門」（同上三八四頁上）。

註二八　《卍續藏》三三・一〇八頁下—一〇九頁上。

註二九　明末的宗師、法師、律師，均在做不切實際的假修行工作，與佛法宗旨，背道而馳（參閱拙著《明末中國佛教の研究》六七—七〇頁）。

註三〇　《明末中國佛教の研究》一八二頁。

註三一　「與了因及一切緇素書」（《靈峯宗論》卷五之二）。

註三二　《大正藏》三七・三六三頁下。

註三三　《靈峯宗論》卷二之三，「示陸喻蓮」法語。

註三四　（一）《靈峯宗論》卷七之四，「淨然沙彌化念佛疏」。

（二）《阿彌陀經要解》亦云：「淨土要行，千差萬別，如觀像、觀想、禮拜、供養、五悔、六念等。」（《大正藏》三七・三六五頁上）

註三五　《靈峯宗論》卷五之三，「念佛即禪觀論」。

註三六　《大正藏》三七・三六五頁上。

註三七　《大正藏》三七・三七一頁上。
註三八　同上三七一頁中。
註三九　同上三七一頁中—下。
註四〇　「持名念佛歷九品淨四土說」（《靈峯宗論》卷四之二）。
註四一　同上。
註四二　《大正藏》三七・三七二頁上。
註四三　《卍續藏》九一・八一八頁下。
註四四　《卍續藏》一一三・九八三頁上。
註四五　《卍續藏》一一三・九七〇頁下。
註四六　《無異元來禪師廣錄》卷二四（《卍續藏》一二五・二九七頁下）。
註四七　同上卷二〇（《卍續藏》一二五・二五九頁）。
註四八　《靈峯宗論》卷一〇之一。
註四九　（一）〈贈鄭宗德念佛序〉（《靈峯宗論》卷六之四）。
（二）《阿彌陀經要解》（《大正藏》三七・三七一頁下）。
註五〇　《卍續藏》九一・七六八頁。

第八節　明末禪者的淨土思想

明末淨土教的著述雖多，能夠自成一家，有其獨特體系的，則不出如上節所舉的三人。居士之中的一念居士及莊廣還，未見其有新見解。袁宏道的《西方合論》，組織的形式雖新穎，並無新發明。倒是李卓吾的《淨土決》，提出了他對念佛法門的看法。明末禪師之中的達觀眞可、憨山德清、壽昌無明、湛然圓澄、博山元來、永覺元賢等人，多少均有若干對於淨土教的見解。現在分別介紹如下：

（一）李卓吾的淨土思想

李氏的〈西方篇〉說：佛的不壞眞身，即在各自的當人，西方極樂世界，總不離乎日用。又說佛爲憐憫眾生，開方便門，而說念佛之法，隨其念力深淺，以生九品蓮上，縱不成佛，亦得善果。（資料依據《淨土決》，《卍續藏》一〇八．三七九頁）

李氏說到念佛的方法，可參考他的〈念佛眞義篇〉，他說：「念佛者，非口念之念，乃心念之念也。心之所念者，想之所注也，志之所趨也，愛之所鍾也，情之所繫也，思之所極而謀之所必得也。……期而至，望而企，日夜不休，鮮不副其念者，則心念之者確也。雖或雜以他事，然終不足以易其正念，則念佛者可知矣。……則雖不念一聲佛，固終日念佛也。若或將信將疑，未知的有西方與否，則雖念佛以爲功課，千聲以爲法則，亦徒勞耳。」（《淨土決》，《卍續藏》一〇八．三八〇頁上及下）

李氏以爲念佛在心憶，不在口唱，理論正確，而且是與《楞嚴經．大勢至菩薩念佛圓通章》所宣「憶佛念佛，現前當來，必定見佛」相同。然此對於有時間做禪觀工夫的人，可以做到，對於一般經常爲生活奔忙的人，談何容易！

（二）達觀真可的淨土思想

達觀眞可紫柏大師的立場，是一位十足的禪者，他以爲：「心淨佛土淨，心穢此土穢。淨穢既在心，如何別尋理。……此觀若透徹，眾罪自消滅。」同時也對一般以爲淨土容易而參禪困難的觀念，提出糾正說：「以爲念佛求生淨土，易而不難，比之參禪看教，唯此著子，最爲穩當。……（實則）吾聞古德有言：『若人臨終之際，有芥子許情識，念娑婆世，斷不能生淨土。』若全淨心生者，心既全淨，何往而非淨土，奚用淨土爲？如是，以爲念佛一著子，能勝參禪看教，豈非大錯。」（《紫柏尊者全集》卷三，《卍續藏》一二六．六九二頁）

這種批評，不能說不正確，淨土諸師，多主張臨終一心不亂，始得往生彼國，與另一種主張「十念往生」之說相悖。若謂求生極樂一如禪者之心淨國土淨，那又何用淨土念佛？不過達觀並非反對念佛，他也對念佛方法，提供了高見：「汝自今而後，直須睡夢中，念佛不斷，方有出苦分，若睡夢中不能念佛，忘記了，一開眼時，痛哭起來，直向佛前叩頭流血，或念千聲，或念萬聲，盡自家力量便罷。如此做了二、三十番，自然大昏睡中，佛即不斷矣。……夢中念得佛底人，臨死自然不亂也。」（《紫柏尊者全集》卷八，《卍續藏》一二六・七六八頁）

如此的逼迫念佛，對於專心修持般舟三昧，或念佛三昧的人，的確可以適用，對於尚有事務纏身的人，便不尋常了。一味緊急，使得萬中念佛，可能不是淨境，而是由於神經過度緊張，所發生的虛幻夢想。如果體力心力都正常健康，加上生活在全部的修行狀態中，類此的逼迫念佛，也近似參話頭的初步功效了。達觀也主張念佛工夫的勘驗：「念佛法門，最爲簡便，都無定志，所以百千人念佛，無有一兩人成就者。……然念佛心眞不眞，勘驗關頭，直在歡喜、煩惱，兩處取證，其眞假之心，歷然可辨。大抵眞心念佛底人，於懽喜煩惱中，必然念念不間斷。是以煩惱也動他不得，歡喜也動他不得。煩惱、歡喜，既不能動，死生

境上，自然不驚怖。」（《紫柏尊者全集》卷八，《卍續藏》一二六·七六八頁）

勘驗念佛工夫的深淺，用以判斷臨終能否往生的情況，實在很好，但此仍是禪家的方式，不過是以禪的立場，將淨土念佛，作爲禪修的方法之一而已。

（三）憨山德清的淨土思想

憨山也是禪者立場的淨土論者，他說：「今所念之佛，即自性彌陀，所求淨土，即惟心極樂。諸人苟能念念不忘，心心彌陀出現，步步極樂家鄉。……。」所以道：「心淨則國土淨。」（註一）但他也認爲：「佛說修行，出生死法，方便多門，惟念佛求生淨土，最爲要捷。」（註二）他主張念佛的要領，在於：「先斷外緣，單提一念，以一句阿彌陀佛爲命根，念念不忘，心心不斷。……動靜閒忙，於一切時中，不愚不昧。……久久純熟，乃至夢中，並不忘失。則工夫綿密，打成一片，是爲得力時也。若念至一心不亂，臨命終時，淨土境界現前。」（註三）可見憨山念佛法門，即是禪觀法門，所以他主張：念佛加上觀想，最稱穩當，故以念佛、觀想爲正行，發願爲助因，持戒爲基本（註四）。此與一般淨土教家如雲棲及蕅益所見者不同。

（四）壽昌無明的淨土思想

壽昌有一篇〈念佛法要〉，他也是把念佛當作鍊心的禪觀方法之一。他說：「淨心念佛淨心聽，心即佛兮佛即心。」又說：「念即佛，佛即念。」「切心念佛狂心歇，歇卻狂心佛現前。」「念佛心，須猛究，直下念中追本有，非因念佛得成佛，佛性亙然常不朽。」（註五）在他的這篇文獻中，沒有一字涉及求生西方的意向，只是純粹的憶佛念佛的方法，並且主張參究工夫。

（五）湛然圓澄的淨土思想

湛然又號散木道人，既然是禪者本色，對於念佛一途，自然不會認爲是唯一最好的法門。在他的法語中說：「阿彌陀佛，在山僧拂子頭上，現普覆法界身。……舒金色兜羅棉手，接引眾生，同歸淨土。」（註六）又說：「念佛惟憑彼佛提攜，全叨願力，參禪克究眞心，只是自因。求人求己，優劣可見。」（註七）又說：「諸經皆指淨土者，大意不過讚持經之勝報，感生淨土而已。」（註八）

更有一段，批評無聞之師教人念佛的文字：「近來法門浸敝，多出聽嚮之流。入耳出口，只欲人前裝大模樣，衒惑于人，不知自己全然缺於師法，今日出家，明日收徒，經教有所未聞，知識未能親近，外假威儀，內心如墨。凡弟子有問，則答曰：『念佛千了百了。』不知是何道理。」（《湛然禪師宗門或問》，《卍續藏》一二六·三二七頁上）

他把念佛法門視作不及參禪，求人不如求己，自力勝於他力。並以一般無知僧人，濫爲人師，胸無點墨的啞羊之流，正好利用念佛法門裝點門面唬人。同時他也不以爲雲棲眞的唯以淨土法門接人，認爲雲棲「曲盡萬途，豈止（禪淨）二門」，並說不要見到雲棲寺的「僧眾濟濟，佛聲浩浩」，就以爲雲棲袾宏專揚淨土了（註九）。

（六）博山元來的淨土思想

博山是壽昌無明慧經的弟子，又是雲棲門下鵝湖心公的戒弟子，每以「雲棲師翁」稱雲棲。他的淨土思想，頗受雲棲影響。他撰寫〈淨土偈〉一百零八首，文前序稱：「雲棲師翁將一句彌陀，簧鼓天下，人競謂古彌陀再世。」（註一〇）此與前項湛然所見迥異。他又說：「我雲棲師翁，將禪淨二途，縛作一束，教人單提一句『念佛是誰？』……此『誰』字不明，不必瞻前顧後，只須努力，頓發疑情。……不破疑團誓不休。」（註一一）這是爲雲棲的「體究念佛」之法作了說明，是禪觀或參話頭式的淨土法門。因此他不主張禪淨彼此揚抑（註一二）。又以他自身的經驗，自他在慧經門下，授記印可之後，「三十年間，有唱無和」。故知禪宗心法，事出非常。而「功高易進，無如淨土」（註一三）。由此可知，為何蕅益智旭，於三十一歲那年，一見無異元來之後，反而放棄了參禪，而一心皈命於淨土（註一四）的原因了。

（七）永覺元賢的淨土思想

在明末諸師之中，稍長於蕅益，乃是一位晚出的禪師，從他的著述中可以見到，他處理禪淨二流優劣抑揚的問題時，頗富於理性。

他以為禪與淨，參禪與念佛的二門，均為應機而設的方便。對宜修淨土者，念佛勝於參禪；對宜修禪法者，參禪勝於淨土。不可死執一邊（註一五）。

他又以為，參禪與求生淨土，不可平行並修。他說：「參禪之功，只貴併心一路，若念分兩頭，百無成就。若參禪人，有一念待悟心，便為大障；有一念恐不悟心，便為大障；有一念要即悟心，亦為大障；況欣慕淨土諸樂事乎？況慮不悟時不生淨土乎？已悟後不生淨土乎？盡屬偷心，急加剿絕可也。但於正修之外，一切禮佛、念佛等，隨緣兼帶，任運不廢，如尋常穿衣喫飯焉。則淨土乃不

兼而兼矣。」(《永覺元賢禪師廣錄》卷二九,《卍續藏》一二五·七七〇頁)

大抵修念佛法門的人,憶佛念佛,求生淨土,求見阿彌陀佛,是信願行的三要則,若以參禪的要則而言,厭此欣彼,便是偷心,何況憂慮能不能往生淨土。但是,念佛一法,對於適宜者而言,確係一種殊勝方便。所以永覺也提供了念佛方法的四要則(註一六):

1.念佛要純一,出息還顧入息,淨心相繼障雲開,摩著生前自家鼻。
2.念佛要心勤,懈怠從來長妄情。
3.念佛要志堅,滴水須知石也穿。
4.念佛要端正,端正方能成正信。

從這四要則看,純係禪觀行的要求,沒有求生西方淨土的色彩。他只是把念佛的方法,用之於禪者的需要。因此,永覺對於相傳甚廣的所謂永明禪淨四料簡(註一七),也提出了新看法,他以爲那只是「抑揚讚歎,勸歸念佛」的方便,實則:「有禪而習氣尚重者,固有陰境可虞,然其功在平日,常加提醒,使佛知見不昧而已,非以靠著淨土也。念佛而得見彌陀,誠不愁開悟,然未見之前,豈無陰境可虞哉?蓋正見未開,則陰境不破,陰境不破,則業障難脫。」(註一八)他將禪淨的優劣對比之下,開出不分軒輊高下的見解,所以他是禪師,接納念佛法門，又將念佛法門收歸禪者所用。這種態度，既不同於湛然圓澄的禪之淨土，也頗異於雲棲袾宏的禪與淨土匯流。所以他也提倡念佛，而念佛只是參禪的另一種方式。在他的《淨慈要語》中，指出淨土念佛的「正行」是：1.觀想，2.持名。心浮氣躁者，不宜修觀想法，持名法則是簡易直捷，三根普利。而持名又分事持及理持，事持是專志一慮，念「阿彌陀佛」四字洪名，念至淨念相繼，自得心開，便成理持。理持亦可採用參究念佛法，直將「阿彌陀佛」四字，當作一個話題，二六時中，直下提撕，不以有心念，不以無心念，不以亦有亦無心念，不以非有非無心念，前後際斷，一念不生，不涉階梯，超登佛地（註一九）。以此可知，不論事持或理持，目的都與禪悟相同。有些人可由事持入手，漸漸功深，亦同理持。有些人，直接從理持入手，達成頓超目的。

（一九八五年元月三十一日脫稿於紐約禪中心歷時三個月）

註解

註　一　《夢遊集》卷二（《卍續藏》一二七．一二三四頁下）。

註　二　同上卷九（同上三三四頁下）。

註　三　同上卷九（同上三三五頁上）。

註　四　同上。
註　五　《無明慧經禪師語錄》卷四（《卍續藏》一二五・六四頁）。
註　六　《湛然圓澄禪師語錄》卷二（《卍續藏》一二六・一九三頁下—一九四頁上）。
註　七　《湛然禪師宗門或問》（《卍續藏》一二六・三三五頁下）。
註　八　同上（同上三二六頁上）。
註　九　同上（同上三一八頁上—下）。
註一〇　《無異元來禪師廣錄》卷二〇（《卍續藏》一二五・二五九頁）。
註一一　同上卷八（同上一七七頁）。
註一二　同上卷二一（同上二六七頁下）。
註一三　同上卷三一（同上三七〇頁上）。
註一四　拙著《明末中國佛教の研究》一八三—一八四頁。
註一五　《永覺元賢禪師廣錄》卷二九（《卍續藏》一二五・七七〇頁）。
註一六　同上卷二二（《卍續藏》一二五・六五四頁）。
註一七　參看本章第五節之註。
註一八　《永覺元賢禪師廣錄》卷二九（《卍續藏》七七〇頁下）。
註一九　《淨慈要語》（《卍續藏》一〇八・一〇〇五頁）。

第三章　明末的唯識學者及其思想

第一節　緒言

印度的大乘佛教，共有三大流，即是中觀（空）、如來藏、唯識的三系。其源頭，當然都與早期的佛經有關。佛教的根本思想是緣生觀或緣起論，緣起與緣滅是分不開的，說到緣起，必也連帶著緣滅。故如《雜阿含經》所說：「此有故彼有，此起故彼起。」（註一）又說：「此無故彼無，此滅故彼滅。」（註二）世間一切現象，無一不在緣生緣滅的軌則之中。凡由因緣生起的，亦必仍由因緣而消失，此一現象的消失，必然引發其他現象的生起，所以不論是心理、生理、物理的，不論是抽象或具體的，乃至也不用分別形而下的現象界或形而上的理念界，無不如此。沒有永恆的現象，沒有不變的眞理，它的定律，便是緣生無自性，故稱爲空。此空乃是不執有也不著空的空，故稱中道或中觀。

佛教的緣起論，主要是在說明人生生命的現象，宇宙是人生所處的環境，對於環境的感受是由於有了人生而產生的，人生的問題解決了，宇宙的問題便會跟著解決。人生的發生與繼續，是從無明開始，也由無明繼續，有無明即會造作善業與惡業，有業行，即構成稱爲識的生命之流的主體，此識雖因人的繼續造業而經常不斷地在變更內容和性質，但它確是主導著生命活動的唯一中心，如果不知修行而離開無明，便會執著身心和世界，便是苦海中的凡夫。所以《雜阿含經》中說：「緣無明行，乃至純大苦聚集。」（註三）如果依照佛法修行而斷除了無明，便會從身心世界的執著得到解脫，便是親證涅槃的聖者，所以《雜阿含經》中說：「無明滅故行滅，乃至純大苦聚滅。」（註四）由業而構成識，識是構成人生和宇宙的原因，所以發展成唯識思想（註五）。

此無明既可以由於修道而被消滅，無明消滅之後，識也同時消滅，當識消滅之後，生命是否不再繼續了？此在小乘佛教的立場，認爲證得阿羅漢果之後的聖者，絕不可能再來世間受生，可是證得阿羅漢果的聖者，並不會立即離開世間，甚至更活躍地從事教化的工作。可見識滅之後並不等於生命的終結，乃是從執著苦惱的生命進化爲解脫、安樂的生命，由不淨的心，變成了清淨的心。因此到了大眾部便主張「心性本淨」（註六）之說，心的本性，即是識的本性，心有不淨與淨的兩面，由於無明的煩惱惑染，心便成爲不淨，名爲八識，無明的煩惱惑染消滅之後，心便成爲清淨，唯有清淨才是心的本性。嗣後，即由於心有此本性而名爲如來藏，也可稱它爲佛性、法性、法界、眞如、法身等。

因此，這三系的大乘佛教之間，雖有究竟法和方便法的諍議，卻均被認爲是正統的佛教。佛教傳入中國的過程，相當長久，也相當複雜，除了印度晚期大乘密教之外，經過九百年的迻譯，已將大小乘各派的教典，大致都譯成了漢文。空宗的四部論，由鳩摩羅什譯出。唯識學派分爲兩流：一者由眞諦（Paramartha）譯出，將識分爲染污的八識及清淨的第九識，故從如來藏系的立場而言，唯識思想是能與如來藏的思想混融；一者則由玄奘譯出，只有第八識，不許第九識。至於如來藏系教典的傳譯，時代極長，人數極多。因爲除了如來藏的專書（註七）之外，凡爲天臺、華嚴、禪、淨土等諸宗學者，所依的經論中，多少皆含有如來藏思想的色彩，例如天臺宗主張「性具」（註八），華嚴宗主張「性起」（註九），禪宗主張「見性成佛」（註一〇），淨土宗主張「一心」（註一一），均與清淨的如來藏心有關。

當然，這三系的大乘佛教思想，既是同出一源，也必有其相互影響的作用，到了中國，空宗與唯識，未能持久發展。天臺接受空義，畢竟是以禪觀及性具爲主。華嚴接受唯識，畢竟是以淨心的性起爲主，故又可稱爲淨心緣起的唯心論。華嚴的唯心是指的眞心。如以《大乘起信論》爲主的諸家，所稱的唯心，是指如來藏緣起的眞妄和合心，畢竟不同於以虛妄心爲阿賴耶識緣起的唯識思想。但在中國各宗之中，均用了空思想及唯識思想（註一二），因爲空是根本佛法中的緣起觀，唯識是說明根本佛法中的業感緣起的。

唯識思想在中國，主要是指玄奘（西元六〇二—六六四年）譯出了彌勒、無著、世親的諸書，特別是護法系統的成唯識諸論，由窺基（西元六三二—六八二年）一一加以註釋，完成了中國唯識學的體系（註一三），基師傳弟子慧沼（西元六五一—七一四年），稍後又有智周（西元六六八—七二三年），均對中國唯識學的建立與弘揚，有大貢獻，所以後人以窺基的《成唯識論述記》爲中心，又將窺基的《成唯識論掌中樞要》、慧沼的《成唯識論了義燈》、智周的《成唯識論演祕》，合稱爲「唯識三箇疏」，是研究唯識不可缺少的依據。

以後，直到明末時代爲止的大約八百年間，除了在華嚴宗四祖澄觀（西元七三八—八三九年）的《華嚴經疏鈔》，以及華嚴思想的擁護者永明延壽（西元九〇四—九七五年）的《宗鏡緣》之中，引用的唯識思想之外，僅見到元人雲峯的《唯識開蒙問答》二卷（註一四）。故到明代，已無人研究唯識，甚至被視爲唯識要典的唐代《成唯識論述記》及「唯識三箇疏」，既未編入藏經，也不流傳於當時的中國，即使有心研究唯識，也均無門可入。幸有魯菴普泰法師，於明武宗正德年間（西元一五〇六—一五二一年），從一位無名老翁處，以月餘的時間，盡傳其唯識學之後（註一五），便爲《八識規矩頌》及《百法明門論》作註。即此二書，推動了明末諸家研究並弘揚唯識學的熱潮。

以年代的先後次序，他們的名字是普泰、眞界、正誨、眞可、德清、廣承、明昱、通潤、王肯堂、大眞、大惠、廣益、智旭、王夫之等，均有唯識的著述傳至現代，單從人數而言，明末的唯識風潮，遠盛於唐代。此一風氣的形成，可能與禪宗的式微及其自覺有關，自唐宋以下的禪宗，多以不立文字、輕忽義學爲風尚，以致形成沒有指標也沒有規式的盲修瞎煉，甚至徒逞口舌之能，模擬祖師的作略，自心一團漆黑，卻僞造公案、訶佛罵祖。所以有心振興法運的大師們，揭出了「禪教一致」的主張，而此思潮的源頭，則爲永明延壽的《宗鏡錄》。延壽以禪宗法眼的身分，接受華嚴思想，融會性相，統攝禪教，集各宗之說，撰成《宗鏡錄》百卷，對於明末佛教，影響極大。他在〈宗鏡錄序〉中說：「剔禪宗之骨髓，標教網之紀綱。」又說：「性相二門，是自心之體用。」（註一六）

因此，明末的唯識思想，雖係傳自玄奘所譯諸論，但確已非窺基時代的面貌，一則古疏失傳，無以爲考，再則時代佛教的要求，不同於窺基的思想，窺基建立的是以唯識的一家之說來闡明全體的佛法，明末的諸家，則是以唯識教義來溝通全體佛教而補時代需求之不足。故在元代的雲峯，明末的眞可、德清、智旭等諸師的唯識著述之中，都很明顯的，說是爲了禪的修行而來學習唯識，並以唯識配合著禪宗的觀念作解釋。可見，明末的唯識學是偏重於實用的。在唯識諸書之中，明末諸家所註釋的，是《成唯識論》、《唯識三十論》、《百法明門論》、《觀所緣緣論》、《八識規矩頌》，以及方法論書《因明入正理論》。

此下，對明末的唯識學風，從其學者、著作思想等各方面，作較爲詳細的介紹和分析。

註解

註　一　《雜阿含經》卷一二（《大正藏》二・八五頁下）。

註　二　《雜阿含經》卷一三云：「謂此無故，六識身無，六觸身、六受身、六想身、六思身無。此無故，無有當來生、老、病、死、憂、悲、惱、苦。」（《大正藏》二・八四頁中）

註　三　另參考印順法師的《性空學探源》第二章〈阿含之空〉。一九五〇年初版，一九七三年重版，編入《妙雲集》中編第四冊。

註　四　《雜阿含經》卷一二（《大正藏》二・八五頁中）。

註五　另參考印順法師的《唯識學探源》上編〈原始佛教的唯識思想〉。一九四四年初版，一九七〇年重版，編入《妙雲集》中編第三冊。

註六　《異部宗輪論》介紹大眾部及其分支中的一說部、說出世部、雞胤部的四部的共同觀點內，曾說到：「心性本淨，客隨煩惱之所雜染，說為不淨。」（《大正藏》四九．一五頁下）

註七　聖嚴的《世界佛教通史》上冊一七一頁所舉，有：《如來藏經》、《不增不減經》、《大法鼓經》、《勝鬘經》、《無上依經》、《大乘涅槃經》、《解深密經》、《入楞伽經》，以及未曾譯成漢文的《大乘阿毘達磨經》等。論書則有：《佛性論》、《寶性論》、《大乘起信論》。《楞嚴經》、《圓覺經》亦可列入。

註八　天臺宗圓教的立場，以為眞如的理性，本來具足迷悟諸法，稱為理具；又因為眞如有隨染緣的可能，故也本來同時具足一切法相，稱為事造。故在眾生的一念妄心之中，也即具足凡聖諸法。因為妄心無自性，以理性為性，故名性具。

註九　法藏的《華嚴探玄記》卷一六，釋本經〈寶王如來性起品〉時，有云：「初分相者，性有三種，謂理、行、果。起亦有三，初謂理待，了因顯現，名起；二行性，由待聞薰資發，生果名起；三果性起者，謂此果性，更無別體，即彼理行兼具修生，至果位時，合為果性，應機化用，名之為起。是故三位，各性各起，故云性起。」又說：「染淨等法，雖同依眞，但違順異故，染屬無明，淨歸性起。問：染非性起，應離於眞？答：以違眞故，不得離眞。」又說：「以染不離眞體，故說眾生即如等也。……若約留惑而有淨用，亦入性起收。問：眾生及煩惱，皆是性起不？答：皆是。」又說：「此圓教中，盧舍那果法，該眾生界，是故眾生身中，亦有果相，若不爾者，則但是性而無起義。」故知性起是華嚴宗圓教立場看一切染淨凡聖諸法，無一不從性起，性即眞理，又名爲如（《大正藏》三五．四〇五頁上—下）。

註一〇　「見性成佛」一語，見於《六祖壇經》的〈機緣品〉，介紹大通和尚所示的意見謂：「汝之本性，猶如虛空，了無一物可見，是名正見；無一物可知，是名眞知。無有青黃長短，但見本源清淨，覺體圓明，即名見性成佛，亦名如來知見。」六祖惠能對於大通和尚的批評是：「彼師所說，猶存知見，故令汝未了。」存有知見，所以未得究竟，「見性成佛」這樁事的本身仍是有的，在六祖之前已有人用，六祖之後仍有人用，所以此語已成爲禪宗標誌。此「性」，即是佛性、眞如、一眞法界。

註一一　雲棲袾宏的《阿彌陀經疏鈔》卷三云：「一心不亂，亦有事理。」又云：「執持名號，還歸一心，即理一心。」（《卍續藏》三三．四四一頁下—四四二頁上）

註一二　（一）天臺宗講的空假中的三觀，以空爲基礎。如來藏系統的諸家，稱眞空妙有。故但講空時，即被視爲方便說。

（二）參考法舫法師的《唯識史觀及其哲學》第三章。香港大乘法寶出版社，一九六〇年。

註一三　由窺基大師註釋的則為：《成唯識論》、《百法明門論》、《唯識三十論》、《瑜伽師地論》、《攝大乘論》、《阿毘達磨集論》、《辨中邊論》、《觀所緣緣論》、《顯揚聖教論》、《異部宗輪論》，以及《因明入正理論》。而基師的全部著述，共有四十一種一百六十六卷，範圍極廣，然以唯識為主。

註一四　收於《卍續藏》九八・四一五—五一二頁。

註一五　王肯堂序《成唯識論集解》（《卍續藏》八一・三〇三頁上）。

註一六　（一）《大正藏》四八・四一六頁下。

（二）中國大乘佛教之中，雖三系皆備，通常卻以法相宗稱唯識，以法性宗稱三論宗以外的其餘諸家。

第二節　明末的唯識學者

明末的唯識學者，無不出身於禪宗，但是也有以弘揚唯識為其專職的人，可惜其中的若干位，已無傳記資料可考，現依據喻昧菴編《新續高僧傳四集》（以下略稱《新續僧傳》）以及《卍續藏》所收有關唯識著述的資料所見者，爲主要根據，介紹如下：

（一）魯菴普泰：不知何許人也，據他所作《八識規矩補註》的自序所述：「龍華金碧峯，圓通常無塵」，聽說他完成了該書，便「過舍索稿，板行之」。作序的年代是明武宗正德辛未年（西元一五一一年），書於大興隆官舍（註一）。他另外一部《百法明門論解》，自序亦於同一年作成。

又據王肯堂爲通潤的《成唯識論集解》寫的序中說：「余聞紫柏大師言，相宗絕傳久矣。魯菴泰法師，行腳避雨止一人家簷下，聞其內說法聲，聽之則相宗也。亟入見，乃一翁爲一嫗說。師遂拜請教，因留月餘，盡傳其學而去。疑翁嫗非凡人，蓋聖人應化而現者。」（註二）由於不知普泰的學統淵源，所以有此傳說。頗與無著菩薩夜請彌勒菩薩下來說法，誦出《十地經》，唯無著得近彌勒，餘人但得遙聞的傳說相似。不過在普泰的前述自序中，也提到了他曾目睹古人的好多關於唯識的註釋，只是：「爲註之人，不書其名，往往皆抄錄之本。」可知他對唯識，早就留心。又知在他的時代，唯識學也能受到若干人的歡迎，所以當他的《八識規矩補註》一脫稿，便被人求去出版了。

（二）紹覺廣承（西元？——一六〇六——？年）：他對明末唯識學的推動，有極大的功績，他的門下，出了好幾位重視唯識且有著述傳世的弟子。根據《成唯識論音響補遺科》卷首，董漢策寫於清聖祖康熙戊午年（西元一六七八年）的序文說：「古杭紹覺老人，乃雲棲蓮大師嫡裔也。」（註三）可見他是雲棲袾宏（西元一五三五—一六一五年）的弟子。又在顧若群爲《成唯識論自考錄》所寫的序中，也早提到：「於唯識之旨，當於此事，不得不推我雲棲座下，紹覺法師，而靈源獨得其傳。」（註四）此序寫於明莊烈帝崇禎元年（西元一六二八年），寫此序時，紹覺法師已「歿又幾二十年」（註五），可見紹覺歿於明神宗萬曆三十年代（西元一六〇八年之前）。除了靈源大惠，尚有新伊大真、辨音大基、玄箸、一相等人，都是他門下的唯識學者。他的第三代，則有《成唯識論音響補遺》的作者苕聖智素，此時已入清代。

另在《新續僧傳》卷六的「圓瓏傳」中，有如此的記載：「釋圓瓏，字大覺，姓鄭氏，武林人也，往來無極講席間，與雪浪、度門，相友善，而紹覺承，執弟子禮唯謹。……嘗讀《宗鏡》有省，與其徒承，手錄百卷，示鄰居士虞長孺曰：吾得掃除宗鏡堂，爲壽師役，足可無憾。」（註六）

以此可知，廣承也是圓瓏的弟子，圓瓏又是無極的學生，無極（西元一三三三—一四〇六年）是明初的高僧，常講《華嚴經》及《法華經》諸經。廣承又因其師囑其與師共錄《宗鏡錄》百卷，其師又與重視唯識的雪浪洪恩及度門正誨相友善，所以他之弘揚唯識，乃是意料中事了。

又在《新續僧傳》卷七「大惠傳」中提及：「時蓮居紹覺，從雲棲分席土橋，惠以白衣參叩，問《觀經》上品上生章，夙通頓發，慨然遂稟歸戒，詢及法要，覺爲首舉臺相二宗，惠即銳心研習，多所詮解，覺深器之。」（註七）

從這段資料，得知廣承親近的大善知識，至少有兩位，一是雲棲袾宏，一是土橋圓瓏，他所教授弟子的，則以彌陀淨土及天臺、法相的三宗爲範圍。

又從《卍續藏》六一冊收有《毘尼珍敬錄》一書二卷，據其卷首的序中敘述：「雲棲大師發天臺之隱，扶律輔教，爲萬世規第，亟於《梵網》而未遑《四分》，……蓮居紹公，精徹臺宗，取《四分》，手自輯錄，以就茲篇，眞妙補祖闕而善繼師志者。公往而其書塵襲已十餘年，近冢嗣新師，始托素師訂定。」（註八）此段文字不僅承認了廣承是雲棲的弟子，而且克紹箕裘，不但精於天臺，尤其長於四分律學。不過，他的《毘尼珍敬錄》，要待他的弟子新伊大眞，請智旭素華代爲訂定並作了戒相攝頌之後，始在教界流通。一如他的《成唯識論音義》，並未完稿，待其弟子辨音大基作疏之後，方能流通。

（三）度門正誨（西元？—一五八九—？年）：關於此人資料極少，從前舉

《新續僧傳》的「圓瓏傳」所見，他是與雪浪洪恩同時，可能也曾往來於無極的講席。從其《八識規矩略說》的自序，劈頭便引《華嚴經》的「心、佛、眾生三無差別」，而云：「移塵沙劫於食頃，布華藏於毛端」的思想看來，他與《華嚴經》、《楞嚴經》的背景有密切關係。又到唯識學：「自奘而後，亦有釋其文而明也者，顧非所明而明之，彌不明也。我朝正德間，有大法師泰公，起而明之，於是探玄之士，始有明其明者。」可知他對唯識的先輩古德，奘師之後，只推普泰。此序寫於萬曆己丑年（西元一五八九年），地點是在衡陽華藥山大藏閣。說明他曾駐錫湖南，但卻不知他是何許人氏。又從浙江檇李的一心居士朱衷純於萬曆癸巳年（西元一五九三年）所寫〈八識規矩略說跋〉中，見到如此敘述：「幸有度門禪師，戒景夜淨，空華曉揚，思風發于清襟，言泉流於玄吻，飲靈三藏，倫釆群宗。」可知他既精於義學的思辨，又是一位戒行高潔的禪師。

（四）眞界幻居：根據王肯堂的記述，金陵攝山的素菴法師，有法嗣名幻齋，嘗講因明，是故紫柏大師令其爲王肯堂等講解；又在紫柏大師弟子密藏禪師僧舍，見到幻居法師的《因明入正理論解》較幻齋所講者明晰（註九）。疑此二人，同出於素菴之門下，同時也曾親近紫柏大師。又從眞界《因明入正理論解》的自跋中，自述其「嘗掩關閱《起信論疏》，至因明三支比量之說，若蚊蚋嚙巨石，毫無所入」。後於掛錫海虞的中峯，聽說有三懷座主在金陵瓦官寺，講因明，前往請益，又至燕山，親近玉菴座主，學因明論解（註一〇）。

然於《新續僧傳》卷六，則有如下的記載：「眞界字幻居，檇李人，亦來吳中，棲止南屏松壽堂，註解《金剛經》，視古今百家註無當旨者，獨會祖意而爲之註，直指人心而不襲舊語。……註成，六夢居士序之，去隱西溪，無何端坐而化。」（註一一）

眞界乃是一位禪者，故以自己的修證體驗來註《金剛經》，可惜此註未被收入藏經，他以閱《大乘起信論》至因明的方法論而發心研究因明，於西元一五八九年完成《因明入正理論解》，後來於西元一五九九年完成了：1.《大乘起信論纂註》二卷，2.《楞嚴經纂註》十卷，3.《物不遷論辯解》一卷（註一二）。可徵其非專以唯識爲研究對象的學者。

（五）高原明昱：此人事蹟不詳，但從被收於《卍續藏》的八種他所寫的唯識詮釋書，知道他是明末專志於研究法相及弘揚唯識的人，似乎他也很少與當時的諸大師來往，他的諸種著述的撰成，大概是在西元一六〇〇年至一六一二年之間，他與紹覺廣承、雲棲袾宏、紫柏眞可、憨山德清等同一時輩，故在他的《成唯識論俗詮》完成之後，雲棲大師也是捐資助刻者之一（註一三）。也許他的思想是以相宗爲本位的緣故（註一四），當時諸師之中甚少有人於著述間提及此人，唯識學者之中，亦僅王肯堂的文字中見到明昱的名字，在明昱的作述之中，也絕無僅有地提及王肯堂，而此兩人在見解上仍大有出入（註一五）。有關明昱的事蹟，僅見於江寧寶林居士顧起元爲《成唯識論俗詮》所寫的序中提到：「今何幸有高原昱公，開此線徑，使人人涉羊腸之詰曲，頑履康壯哉！公起自潼川，掛錫吳越，清跱絕俗，靈悟鮮倫。……以宇泰先生之請，詮釋此論。」（註一六）

《成唯識論俗詮》既成，自序則寫於「南屏松壽堂」，自稱爲「西蜀輔慈沙門」。此書是由王肯堂請這位來自西蜀的義學僧，以一年的時間，在爲「東禪」及「南屏」兩處的學者演講之下完成。而此「松壽堂」，也正是眞界幻居於「吳中棲止」時的同一道場。《新續僧傳》「圓瓏傳」說：圓瓏始將《宗鏡錄》傳寫於吳，吳中士人多喜讀之，當時「妙峯並駐南屏，與筠泉蓮爲友，皆遠嗣永明壽」。可徵吳中的松壽堂，是當時佛教界的緇素人文的薈萃之所，以《宗鏡錄》爲研究的中心，而對唯識的興趣亦濃，廣承亦可能隨圓瓏到過南屏，明昱與當時的僧界，亦非沒有來往，然其《成唯識論俗詮》問世之際，請了八人寫序，竟無一位僧人與焉。居士中的王肯堂（西元？——一六一三——？年）、顧起元（西元一五六五——一六二八年）、黃汝亨（西元一五五八——一六二六年）、吳用先等，均係名公巨卿。智旭是明末諸師中註解唯識的後起之秀，而且也是吳人，在其作述中，雖曾一度提到《成唯識論俗詮》的書名，卻未見其述及明昱的人名（註一七）。

（六）達觀眞可（西元一五四三—一六〇三年）：自號紫柏，為明末四大師之一，在《新續僧傳》卷七，有其傳記，更早則有其私淑弟子角東陸符所撰的傳記，尤為詳細，作為《紫柏尊者別集》的附錄，被收於《卍續藏》一二七冊（註一八）。於其傳記中有關唯識法相的記述，僅得「因遊匡山，深究相宗精義」之句，那時他才二十多歲，已在開悟之後。

在王肯堂的作述中，則有三次提到紫柏大師與唯識法相的關係：

1. 「余聞紫柏大師言，相宗絕傳久矣。」（註一九）
2. 「余始聞唯識宗旨於紫柏大師，授以此論，命之熟究。」（註二〇）
3. 「余與董玄宰，侍紫柏大師於金陵之攝山中，日相與縱談無生，且謂枯坐默照為邪禪，非深汎教海不可。一日於素菴法師閣上，得一小梵冊，有喜色，手授余二人曰：『若欲深汎教海，則此其舟航維楫乎。』觀之則《因明入正理論》也。」（註二一）

紫柏大師以一位傑出的禪僧而重視義學，並著眼於唯識的存續問題，勸囑王肯堂等熟究《成唯識論》，又將因明喻為深汎教海的舟航。他自己也寫了一卷《八識規矩頌解》以及一篇短文〈唯識略解〉。他強調：「有志於出世而荷擔道法，若性、若相、若禪宗，敢不竭誠而留神（於唯識之書）哉？」（註二二）

（七）一雨通潤（西元一五六五—一六二四年）：他是明末佛教界的一位極有成就的著述家，他的著作被收入《卍續藏》的即有六種（註二三），無怪乎他對唯識的研究，極富心得。當王肯堂聽說有巢松及緣督諸師，結侶於焦山，遍檢《大藏經》，將譯《成唯識論》，便派人迎到家裡，二師雖先後到了，對於爲作補疏的事，則皆以非得請到通潤不可（註二四）。通潤的唯識學淵，則如王肯堂爲《成唯識論集解》作的序中所說：「雪浪法師，即魯菴之孫也，緣督又雪浪之孫，而一雨、巢松二師，皆得法雪浪，稱高弟子。」（註二五）

通潤是雪浪的法子，亦即是魯菴的法重孫。雪浪洪恩在明末佛教界，也是一大重鎮，《新續僧傳》卷七有他的傳。智旭推崇他，稱爲「慈恩再來」（註二六）。雖然他的著述被流傳下來的不多（註二七），可是明昱及智旭註的《相宗八要》的八種唯識學的書目，即是根據洪恩從《大藏經》之中錄出來的（註二八）。從《新續僧傳》所載，得知洪恩是無極的學生，善講《楞嚴經》、《圓覺經》、《般若經》。因而他的法子通潤，也自號爲「二楞菴」，註釋《楞嚴經》及《楞伽經》二經，以會通性相二宗爲其宗旨（註二九）。

（八）憨山德清（西元一五四六—一六二三年）：也是明末四大師之一，他有《憨山老人自序年譜實錄》二卷，收於《憨山大師夢遊集》卷五三及五四，是故他的傳記資料，是明末諸高僧中最完整的一位。他是一位有修有證的禪僧，也是一位重視義學並且有大量著述傳世的高僧。他與相宗有關的著述，僅是《百法明門論論義》及《八識規矩通說》的兩種各一卷，被收入《卍續藏》。他曾親近無極、徧融諸師，與雪浪、紫柏爲善友。在其生命史上與相宗最有關的，是三十三歲那年，進入彌勒樓閣的一個夢境，由於在夢中聽了彌勒菩薩對他講說：「分別是識，無分別是智。依識染，依智淨。染有生死，淨無諸佛。……。」及覺，恍然言猶在耳也。自此識智之分，了然心目矣（註三〇）。他從自內證的經驗，明瞭智與識的不同，他的相宗註釋，也是以修行的立場爲其著眼。例如他在《八識規矩通說》的文前說：此書乃「爲一大藏教之關鑰，不唯講者不明，難通教綱；即參禪之士若不明此，亦不知自心起滅頭數」（註三一）。同書之末，他又表明：「正要因此（《通說》使學者）悟心，不是專爲分別名相也。」在他晚年，手批其侍者廣益纂釋的《百法明門論》時，則說：「此《百法論》，以門稱者，乃入大乘之門，是知此乃性相二宗之關要。凡義學者，未有不明此法而能窮諸法門者。」（註三二）可知他將《百法明門論》，視爲性相二宗的入門書，而鼓勵弟子們學習它。據《憨山老人自序年譜實錄》稱，他到七十一歲那年，因澹居鎧公請益性相宗旨，故依《大乘起信論》會通《百法明門論》。他本身不是相宗的唯識學者，已很明顯。

（九）靈源大惠（西元一五六四—一六三六年）：他自稱「蓮居弟子」，足徵他對於紹覺廣承的崇敬。《新續僧傳》卷七有他的傳記，同時在「雲棲學菩薩戒弟子大璸顧若群」爲《成唯識論自考錄》所寫的序中，也作了若干介紹：「當今此（唯識學的）事，不得不推我雲棲座下，紹覺法師，而靈源獨得其傳。靈源師者，勾餘仕族，年未壯室，以優婆塞，入土橋覺師二十年，口輪未嘗停傳，源師入耳輒服膺，朝往暮歸，中途尋記其師說，必如昔人所稱，分水瀉瓶而後已，故師歿又幾二十年，其所傳習，獨不謬海昌。」（註三三）

又從《新續僧傳》得知，大惠出家時，已五十七歲，然在白衣時代，早以士人身分，親近善知識，受廣承的十年薰沐之後，嘗於京師慈慧寺聞其開山比丘愚菴眞貴（註三四），講八識標指，而微參疑義，爲貴師歎服，故邀其登座，以未出家爲辭，強而後可，所宣皆是蓮居廣承的唯識宗旨。出家受具之後，因辨音大基於補充廣承的《唯識論》之疏，刻板於海昌，大惠以爲廣承之旨頗有出入，故撰《成唯識論自考錄》問世，同門的新伊、古德、金臺、元著（玄箸）諸上座，讀畢咸謂：「儼若蓮居講筵未散。」（註三五）

(一〇) 新伊大真(西元一五八〇—一六五〇年):與大惠同門。《新續僧傳》未見其傳。可是在他同時代的蕅益智旭,對他備極稱讚,見於《靈峯宗論》卷八者,特爲大眞所寫的文章,即有五篇之多,說他年十五從廣承爲沙彌,習師所演教法,夜以繼日,慈恩、臺岳宗旨,每多遊刃而心益虛。後繼廣承而主持蓮居,力弘紹覺之道,著《成唯識論遺音合響》,兼授金剛寶戒,而教觀並舉(註三六)。他不是專弘唯識的學者,卻是唯識學的探究者。又如旭師所說:「師童眞入道,爲紹公長子,性相二宗,無不克受其傳,服習毘尼,視紹公尤加焉。」(註三七)可知大眞對於天臺智顗、南嶽慧思、唯識、戒律,都很重視。他著有一部《成唯識論遺音合響》,此書是繼紹覺廣承未完的《成唯識論音義》而作,正如大基之作《海昌疏》。只是《海昌疏》遭大惠批評而未流傳,《成唯識論遺音合響》則由大眞的弟子茗聖智素,合輯爲《成唯識論音響補遺》,現被收入《卍續藏》。智旭給大眞的《成唯識論遺音合響》,所作評價極高:「有紹覺承師,具無師智,聞而知之,述爲《音義》八卷,一簣功虧,忽爾西邁。於是及門高士,各出手眼,如辨音基師之《疏》,靈源惠師之《自考錄》,亦既各竭精思、殫才力,然皆升堂有餘,入室未足,故使學斯宗者,無由詣極。惟新伊眞師,紹師嫡胤,執侍最久,聞熏獨深,遂能繼志述事。」(註三八)

紹師門下，人才出眾，有成就於唯識學的而著書立說者，即有三家，智旭獨推大眞方爲「嫡胤」、爲「長子」，其中原因，乃在於思想的投契吧！

（二）王肯堂（西元？—一六一三—？年）：自號樵子，字宇泰，江蘇人，萬曆年間（西元一五七三—一六一九年）進士，倭寇犯朝鮮，疏陳十議，後被任命爲南京行人司副，最後任官爲福建參政。好讀書，尤精於醫，所著《證治準繩》，該博精粹，世所競傳。晚年學佛，而「以老病一措大，博得會禪之名滿天下（註三九）」。以學禪而與董玄宰等，同去親近紫柏大師，也許紫柏大師見他博學深思，精於考究分析，故以熟究唯識相囑。因此使他接觸到了當時有志於唯識的諸僧，例如：

1. 聞巢松及緣督諸師，結侶於焦山，研究《成唯識論》，肯堂移書招之，二師各出其所標點之本，互相印證，肯堂因此而有正誤標義之刻，四方學者，始有此論可究。

2. 聞王太吉言，相宗之精，無如高原法師者，《觀所緣緣論釋》，曾不可以句，而師釋之如指諸掌，則其他可知也。時東禪無主，肯堂遂虛席以延明昱，師率徒至，因囑其略釋此論（註四〇）。

3. 由巢松及緣督二師之推薦，肯堂遣使迎一雨通潤，令爲《成唯識論》作補疏，通潤當時雖以他事所羈未至，約十年後，緣督已作古，肯堂亦老病，通潤的《成唯識論集解》則完成了（註四一）。

4.因親近紫柏大師囑究因明而向幻齋學。訪眞可的弟子密藏道開，得幻居的因明解。又在何矩所齋中，讀到師子窩鎭澄法師（註四二）的因明解。又於萬曆壬子年（西元一六一二年）夏，請蘊璞法師結制於肯堂的拙隱園中，撰出因明解（註四三）。

他由於紫柏大師囑其留神唯識及因明，所以認識了雪浪及紫柏兩系的唯識學者，也促成了明昱、通潤、蘊璞等人，寫出了唯識及因明的註釋。最後，因他自己無法全部認同諸師的論點（註四四），故於西元一六一二及一六一三年，完成了《因明入正理論集解》及《成唯識論證義》二書。

（一二）虛中廣益：他是憨山大師晚年的弟子，教以研究唯識的下手處，後來稟承大師的指示，作成《八識規矩纂釋》及《百法明門論纂釋》兩書，均經大師手批，當時（西元一六二二年）大師已是七十七歲。於德清的《憨山老人自序年譜實錄》中見到，在他六十七歲，爲弟子講《大乘起信論》及《八識規矩頌》，述《百法直解》。七十四歲又講一次《成唯識論》，可知廣益是他晚年的弟子，到了七十五歲那年春天，廣益請大師重述《大乘起信論直解》及《圓覺經直解》等（註四五）。在嶺南仲安劉起相爲《百法明門論纂釋》所寫的序文中，也說廣益是德清座下諸上足之中，年紀最小的一位（註四六）。

（一三）蕅益智旭（西元一五九九—一六五五年）：早年的智旭，人稱素華，年齡小於廣益，依德清的弟子雪嶺爲剃度師，被公認爲明末四大師之中的最後一位，他的傳記資料相當豐富，見於《靈峯宗論》的「八不道人傳」，《新續僧傳》的「智旭傳」，弘一演音編訂的「蕅益大師年譜」等，均係研究智旭傳記的資料（註四七）。

智旭是明末佛教界的大著作家，總計寫了五十一種不同的專作，共有二百二十八卷之多。有關唯識的著述，即達九種十八卷，堪與另一位明末的唯識大家高原明昱，互爲伯仲。明昱除了專攻唯識之外，並未留下任何其他著作，智旭則縱橫教海，舉凡天臺、法相、戒律、淨土、禪，無不著有專書遺世。所以他也不是以繼承相宗的陳說爲宗旨的人，倒是站在性宗的立場，作著會相歸性、相爲性用的努力。從智旭的作述之中，提到明末唯識研究的動態者，有三處：

1.〈重刻成唯識論自考錄序〉有云：「萬曆初年，紫柏大師接寂音之道，盛讚此宗。爰有《俗詮》、《證義》、《集解》諸書，而紹法師《音義》爲長，《音義》未全故不流通，基法主續補成《疏》，亦頗簡要，惠法主謂《疏》多譌，復出此

《自考錄》。」（註四八）

2.〈成唯識論遺音合響序〉有云：「有紹覺承師，具無師智，聞而知之。」（註四九）

3.〈成唯識論觀心法要緣起〉有云：「紹覺法師爲之『音義』，一雨法師爲之『集解』，宇泰居士爲之『證義』，無不殫精竭思，極深研幾。然教道已明，觀道未顯。嗣有新伊法師爲之『合響』，力陳五觀，冠罩諸家。」（註五〇）

從以上的敍述，可知智旭對於明末唯識學者的態度，推重紹覺廣承的一系。由紫柏大師的盛讚，引出《成唯識論俗詮》、《成唯識論證義》、《成唯識論集解》，此三人均在廣承的系統之外，唯有廣承的《成唯識論音義》、大惠的《成唯識論自考錄》、大眞的《成唯識論遺音合響》，受到智旭的稱讚。特別是大眞的《成唯識論遺音合響》，以「觀道」爲主眼，所以歎爲「冠罩諸家」。而智旭自己之註解唯識，「不敢更衍繁文，祇圖直明心觀」，他以重視實修的立場，他不作繁複的徵引，也不細究外道的計執，使讀者將文字句句消歸自己。他雖是模擬天臺家註釋經論，而稱「觀心」，但他「以此論成立唯識道理，即是觀心法門，不同法華別立觀心釋也」（註五一）。故將他的註解稱爲《成唯識論觀心法要》，在所有的唯識註釋書中，這是非常特別的一部。

智旭另有《相宗八要直解》，書目的選定，是根據雪浪洪恩所指定，已如前述。「直解」二字，則是受了憨山德清的影響。德清嘗有《百法直解》（註五二）及《八識規矩直解》，然未見入藏，推想在智旭時代，已只知其名而未見其書，所以因襲「直解」，否則他豈敢採用與德清著作的同一書名？

（一四）王夫之（西元一六一九—一六九二年）：字而農，號船山，湖南衡陽人，崇禎年間（西元一六二八—一六四三年）舉於鄉，瞿式耜薦於桂王，授行人，不久歸居衡陽之石船山。先後有張獻忠及吳三桂，逼請其出山，均未赴命。夫之論學，以漢儒爲門戶，以宋五子（註五三）爲堂奧，尤其服膺張載而力闢陽明致良知之說。他的佛學淵源不明，然而筆者最近由一位韓國的法師處，見到一冊木刻本的《相宗絡索》題謂「衡陽王夫之譔」，計二十五紙，共列二十九個唯識學的名相，作簡明介紹，未雜性相融會的觀念，亦未見以儒釋佛或以佛釋儒的論調。其目的顯然僅在明瞭相宗的名相，未有其他企圖。

綜合以上的分析介紹，對於明末諸家的唯識學者，及其系統關係，可以列表說明如下：

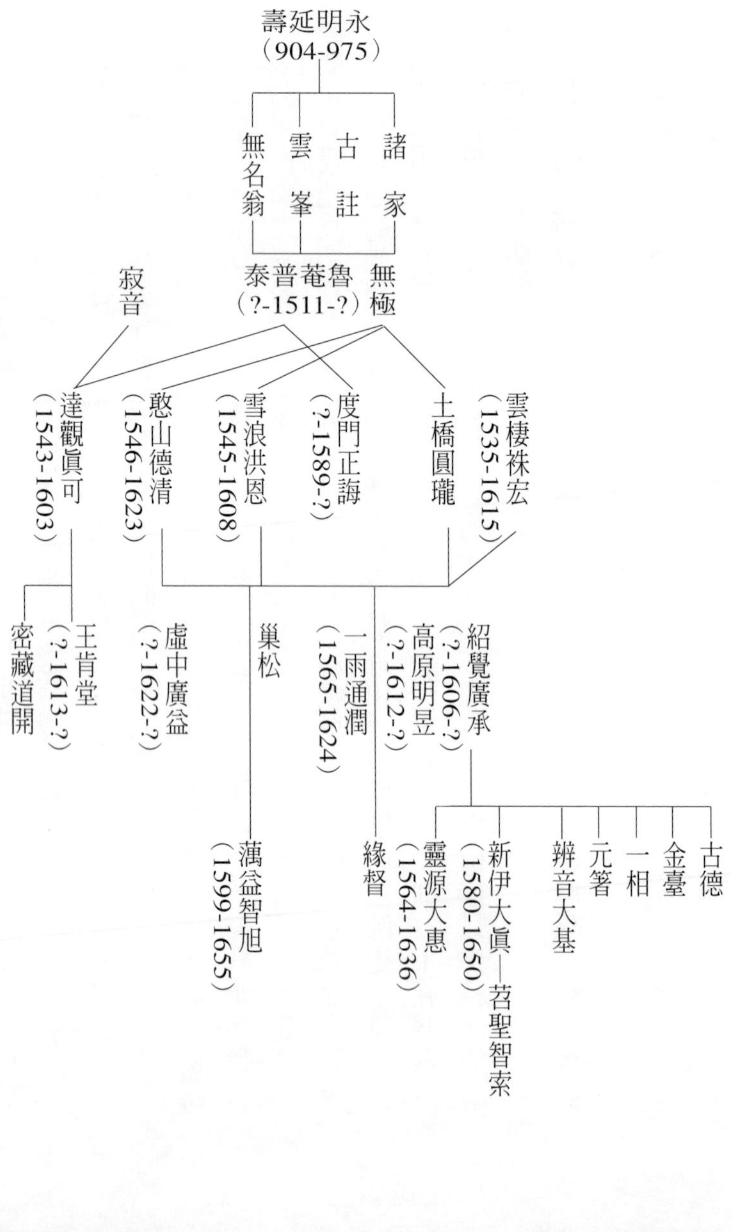
壽延明永
（904-975）
無名翁
雲峯
古註
諸家
泰普菴魯
（?-1511-?）
無極
寂音
達觀眞可
（1543-1603）
憨山德清
（1546-1623）
雪浪洪恩
（1545-1608）
度門正誨
（?-1589-?）
土橋圓瓏
雲棲袾宏
（1535-1615）
密藏道開
王肯堂
（?-1613-?）
虛中廣益
（?-1622-?）
巢松
一雨通潤
（1565-1624）
高原明昱
（?-1612-?）
紹覺廣承
（?-1606-?）
蕅益智旭
（1599-1655）
緣督
靈源大惠
（1564-1636）
新伊大眞
（1580-1650）
苕聖智索
辨音大基
元箸
一相
金臺
古德

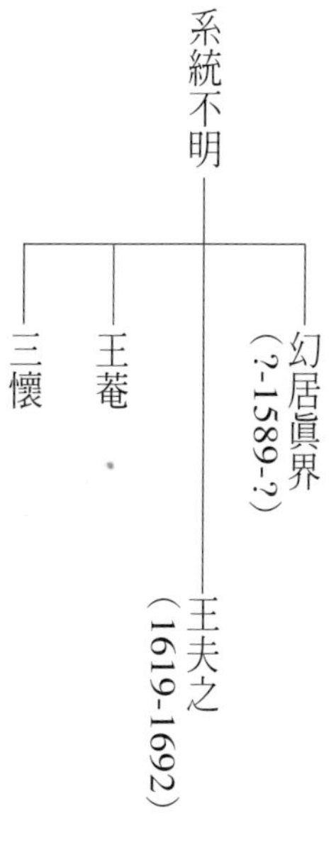

註解

註一　《卍續藏》九八．五一三頁。

註二　《卍續藏》八一．三〇三頁上。

註三　《卍續藏》八二．七〇九頁。

註四　《卍續藏》八二．九一—九二頁。

註五　同上九二頁。

註六　《新續高僧傳第四集》（以下略稱《新續僧傳》）卷六．九—一〇頁。此書係爲喻昧菴編，臺灣瑠璃經房一九六七年重版。

註七　同上卷七．六頁。

註八　《卍續藏》六一．五五九頁上。

註　九《卍續藏》八九．一〇五頁上。

註一〇《卍續藏》八七．一〇三頁下。

註一一《新續僧傳》卷六，「圓瓏傳」。

註一二（一）現被收於《卍續藏》七一冊。

（二）現被收於《卍續藏》九〇冊。

（三）現被收於《卍續藏》九七冊。

註一三《卍續藏》八一．六頁上。

註一四《成唯識論俗詮》自序云：「成立宗因，精研相性，導引多方，終歸唯識，漸亡百計，始悟玄猷，即彰五位，使知趨進。」（《卍續藏》八一．七頁上）

註一五（一）王肯堂序《成唯識論俗詮》（《卍續藏》八一．三頁）。

（二）明昱自序《成唯識論俗詮》（《卍續藏》八一．七頁）。

（三）《成唯識論證義》王肯堂自序云：「《俗詮》之作，吾嘗預商訂焉，及其刻，則從與不從，蓋參半焉。」（《卍續藏》八一．六四六頁下）

註一六《卍續藏》八一．一頁上。

註一七（一）《成唯識論觀心法要》首卷（《卍續藏》八二．三九三頁上）。

（二）〈重刻成唯識論自考錄序〉（《靈峯宗論》卷六之三）。

註一八　（一）〈別集附錄〉撰於紫柏大師寂後三十二年，即是西元一六三五年。
（二）《新續僧傳》撰於西元一五二三年。
註一九　《成唯識論集解》序（《卍續藏》八一．三〇三頁上）。
註二〇　《成唯識論俗詮》序（《卍續藏》八一．二頁下）。
註二一　《因明入正理論集解》自序（《卍續藏》八七．一〇五頁）。
註二二　〈唯識略解〉（《卍續藏》九八．五八一頁上）。
註二三　（一）《圓覺經近釋》六卷（《卍續藏》一六冊）。
（二）《楞嚴經合轍》十卷（《卍續藏》二二冊）。
（三）《楞伽經合轍》八卷（《卍續藏》二六冊）。
（四）《法華經大竅》八卷（《卍續藏》五〇冊）。
（五）《起信論續疏》二卷（《卍續藏》七二冊）。
（六）《成唯識論集解》十卷（《卍續藏》八一冊）。
註二四　王肯堂作《成唯識論集解》序（《卍續藏》八一．三〇三頁下）。
註二五　《卍續藏》八一．三〇四頁上。
註二六　《靈峯宗論》卷五之三，二四頁。
註二七　《卍續藏》僅收洪恩的著述《般若心經註》一種（《卍續藏》四一冊）。

註二八　玉溪菩提菴聖行〈敍高原大師相宗八要解〉云：「余因憶昔白下雪浪恩公，演說宗教，特從《大藏》中錄出八種示人。」（《卍續藏》九八．六八五頁上）

註二九　見《卍續藏》一六冊及三六冊。

註三〇　《夢遊集》卷五三，《憨山老人自序年譜實錄》卷下（《卍續藏》一二七．九五八頁上）。

註三一　《卍續藏》九八．五八三頁上。

註三二　《卍續藏》七六．八六〇頁上。

註三三　《卍續藏》八二．九二二頁上。

註三四　眞貴作有《仁王經科疏科文》、《仁王經科疏懸談》等，收於《卍續藏》九四冊，自稱爲「賜紫玉環比丘蜀東普眞實」，又稱「嗣賢首宗第二十五代」（《卍續藏》九四．八五七頁）。另著有《楞伽經》、《唯識論》、《藥師經》、《圓覺經》等註（《卍續藏》九四．一〇七三頁）。

註三五　《新續僧傳》卷七，六頁B。

註三六　《靈峯宗論》卷八之一。

註三七　《靈峯宗論》卷八之二。

註三八　智旭著〈成唯識論遺音合響序〉（《靈峯宗論》卷六之三）。

註三九　《成唯識論證義》自序（《卍續藏》八一．六四六頁下）。

註四〇　以上兩則取自《成唯識論俗詮》之王肯堂序（《卍續藏》八一．二頁下——三頁上）。

註四一　《成唯識論集解》之王肯堂序。

註四二　《新續僧傳》卷七有「鎭澄傳」，曾與憨山、妙峯結隱五臺，有《因明入正理論》、《大乘起信論》、《永嘉集》諸解行於世，萬曆丁巳（西元一六一七年）寂，世壽七十有一。

註四三　《因明入正理論集解》王自序（《卍續藏》八七．一〇五頁）。

註四四　《成唯識論證義》自序云：「《俗詮》之作，吾嘗預商訂焉，及其刻，則從與不從，蓋參半也。《集解》之見，與吾合處爲多，而不合處亦時有之。吾見之未定者，不敢不捨己而從，而吾見之已定者，亦不敢以苟同也，此《證義》之所以刻也。」（《卍續藏》八一．六四六頁下）

註四五　《夢遊集》卷五四（《卍續藏》一二七冊）。

註四六　《卍續藏》七六．八六〇頁下。

註四七　參考聖嚴著日文本《明末中國佛教の研究》一三一——一四〇頁。

註四八　《靈峯宗論》卷六之三。

註四九　見本節註三八。

註五〇　《卍續藏》八二・三九三頁上。

註五一　《成唯識論觀心法要・緣起》（《卍續藏》八二・三九三—四頁）。

註五二　（一）《夢遊集》卷五四，有〈述百法直解〉（《卍續藏》一二七冊）。

（二）憨山老人手批《百法明門論纂釋》，有「則取直解」句（《卍續藏》七六・八六〇頁上）。

（三）憨山老人手批《八識規矩頌纂釋》，有「參以直解」句（《卍續藏》九八・五九三頁上）。

註五三　周敦頤、程頤、程灝、張載、朱熹等五人，合稱爲宋之五子。

第三節　明末的唯識著述

在明代後半期的一百五十年間，能有如此緇素大德，重視唯識以及因明方法論的研究，於中國佛教史上，實在算得輝煌的時代。可是近代研究唯識的學者們，甚少注意到明末的唯識著作，甚至根本是故意忽略了他們努力的成果，唯一例外是太虛大師（西元一八八九—一九四七年），他把中國的大乘佛教分成三大系：1.法性空慧宗，2.法相唯識宗，3.法界圓覺宗。他以法界圓覺宗爲立場，統攝一切佛法，所謂法界圓覺，是從《圓覺經》、《楞嚴經》、《大乘起信論》爲依據而構成的圓融思想（註一）。因此，太虛大師也提倡唯識法相，他的態度，是與明末諸家相應的。

現在，且來考察一下，明末諸師研究唯識學的依據，是些什麼經論？

（一）明末時代，唯識章疏均已散失：研究唯識學，必須有資料根據，否則便是師心自用、向壁虛構，正如王肯堂說：「性宗理圓，作聰明註釋，亦無大礙；相宗理方，一字出入，便謬以千里矣。」（註二）他又說：「故學道者不明唯識之旨，則雖聰明辨才，籠蓋一世，而終不免爲儱侗眞如、顢頇佛性。」（註三）唯識是極注重方法論的分析哲學，所以極其重視研究的資料。但在明末時代，唯識學上最重要的幾部章疏，已在中國失傳了。例如：

1.王肯堂序《成唯識論俗詮》時說：「自基師以來，有《疏》有《鈔》之外，又有《掌中樞要》、《唯識鏡》等著述，不知何緣，不入藏中。宋南渡後，禪宗盛極，空談者多，實踐者少，排擯義學，輕蔑相宗，前舉諸典，漸以散失。」（註四）

2.王肯堂《成唯識論證義》自序又云：「《唯識證義》爲何而作也？爲慈恩之《疏》亡失無存，學唯識者倀倀乎莫知所從而作也。」又說：「吾猶冀古疏之萬

一復出云爾。」（註五）

3.大眞作〈重刻唯識開蒙跋語〉有「時運遷訛，古疏湮沒」之句（註六）。

4.智旭序重刻《成唯識論自考錄》有「惜慈恩沒，疏復失傳」（註七）之句。他又於《成唯識論觀心法要．緣起》中說：「慨自古疏失傳，人師異解，文義尚訛，理觀奚賴。」（註八）

以上所說的古疏，究竟是指那幾部書而言？依據日本的資料所記，除了以窺基的《成唯識論述記》二十卷是相宗著作的肝要之外，另有：⑴窺基的《成唯識論掌中樞要》四卷，⑵慧沼的《成唯識論了義燈》十三卷，⑶智周的《成唯識論演祕》十四卷，合稱爲「唯識三箇疏」，東京中山書房出版的《會本成唯識論》，即是以《成唯識論述記》及「唯識三箇疏」，會集刊行的一部書。這幾部書未入《宋藏》、《明藏》，乃至《磧砂藏》，而已編入日本《大正藏》四三冊。王肯堂所說的「有《疏》有《鈔》」，是不錯的，窺基除了《成唯識論述記》之外，尚有《成唯識論別抄》十卷，現僅其中的一、五、九、十的四卷，存於《卍續藏》七七冊之中。至於《唯識鏡》究係何書，現仍不知道。

（二）明末唯識學者所用的參考資料：唐代的唯識疏鈔，究於何時在中國湮沒？不能確知，至少，唐末五代之世，《宗鏡錄》編成之時，那些書籍尚在中國流傳。此後由於何種因素，突然不見了，則亦不能確知。致使明末的學者們無從探索唐代的唯識之學了。是則，明末的唯識學者們，所依據的線索，就非常貧乏了。

1.王肯堂的《成唯識論證義》自序云：「取《大藏》中大小乘經論，及《華嚴疏鈔》、《宗鏡錄》諸典，正釋唯識之文，以證唯識之義。」所以他不敢自信他的《成唯識論證義》沒有與慈恩之疏牴牾之處，故不稱「補疏」而名「證義」（註九）。

2.王肯堂序《成唯識論俗詮》云：「然《開蒙》之作，出於元人，爾時慈恩疏鈔，似猶在也。……（如今）求古疏鈔，已不可得，後閱《開蒙》，及檢《宗鏡》、《華嚴疏鈔》，遇談此論處，輒錄之簡端，於是漸有一隙之明。」

3.⑴智旭的《成唯識論觀心法要．緣起》云：「賴有《開蒙問答》，梗概僅存，《大鈔》、《宗鏡》，援引可據，而溯流窮源，則《瑜伽》、《顯揚》諸論。」（註一〇）⑵智旭序重刻《成唯識論自考錄》又云：「僅散現《大鈔》、《宗鏡》及《開蒙》二卷，稍存線索。」（註一一）⑶智旭序《成唯識論遺音合響》亦云：「依《開蒙》爲指南，搜《宗鏡》、《大鈔》爲證據，溯源《瑜伽》、《顯揚》諸論而成《合響》。」（註八一）

4.通潤的《成唯識論集解》自序云：「後披《宗鏡》，始得斬其疑關，抽其

舍》、《因明》等論，及《大經疏鈔》。其中凡與此論相應者輒手錄之。」（註一三）暗鑰。從是遍探《楞伽》、《深密》等經，《瑜伽》、《顯揚》、《廣百》、《雜集》、《俱

5.唯識學的方法論書《因明入正理論》，也有窺基、慧沼、智周等的唐代古疏，現被編入《大正藏》四四冊及《卍續藏》八六冊。可惜在明末之世，卻與唯識古疏一樣地亡失了。例如：

(1)王肯堂的《因明入正理論集解》自序云：「僉曰：此論自奘師以來，稱最奧難曉，況古疏鈔亡失，講下又無傳派，今欲臆決良難。」又云：當時有鎭澄及蘊璞等人的《解》，以之與「龍樹論與清涼、永明所引《因明疏鈔》語，參互考訂，則所牴牾，亦復有之。」所以他自己的《因明入正理論集解》，是將古疏鈔之被「散見於諸處，收合餘燼，猶足發明」，而寫成的（註一四）。

(2)眞界的《因明入正理論解》自序，也是他先向金陵的三懷座主請益，又去諮詢燕山的王菴座主，「兼之攟摭《清涼疏鈔》、《宗鏡》諸書，集爲此解。」（註一五）

(3)武林大善爲明昱的《因明入正理論直疏》作的序中說：「自奘師始譯，永明繼陳，漸爾鮮聞，邈焉垂絕。」（註一六）

從以上所引諸文，可以明白明末諸家唯識學者，殊足敬佩讚歎。他們不像窺

基時代之尚有梵文原典可資參考，並且直接參加過奘師的譯場，論旨文義較易掌握，而明末諸師，僅憑滿腔悲願，參考蒐索散見於少數典籍中的引文，便從事於註釋的工作，特別像王肯堂的態度非常謹嚴，絕不作臆測方式的所謂聰明解釋。而他們的主要依據，僅是元人雲峯的《唯識開蒙問答》二卷，五代永明的《宗鏡錄》百卷，唐代清涼國師澄觀的《華嚴經疏鈔》八十卷，以及《楞伽經》、《解深密經》等經，《瑜伽師地論》、《顯揚聖教論》等論。

（三）不重資料而重實用：正由於能被採用的資料不足，德清與智旭等人，便捨繁從簡，捨文義而重觀行了。例如：

1.德清的《八識規矩通說》，文前有云：「但窺基舊解，以論釋之，學者難明，故但執相，不能會歸唯心之旨。」所以德清「以此方文勢，消歸於頌，使學者一覽了然易見。而參禪之士，不假廣涉教義，即此可以印心，以證悟入之淺深。至於日用，見聞覺知，亦能洞察生滅心數」（註一七）。

2.智旭的《成唯識論觀心法要》，凡例有云：「諸家著述，貴在引證以明可據，未免文義雜糅，不便初機。今領會諸家之旨，自抒淺顯之文，不令句讀艱澀。」又云：「西域外道，實繁有徒，故破之不得不詳，今彼黨既無，何勞細究？不過借彼我法二執以爲言端，破之以顯二空眞理而已心法。」更云：「文字爲觀照

之門，若不句句消歸自己，說食數寶，究竟何益？故標題曰：觀要。」（註一八）

若從唯識的研究態度而言，德清與智旭的方式是不當的，因他們未見印度唯識學的依據，也不能導使讀者們對印度的唯識學得到正確的認識。若從唯識學的創始目的而言，他們又是對的，因爲唯識導源於瑜伽行者，通過定境的認識，對於心及心所法等分析檢查，以確定修行者的功力深淺。

凡是一門知識或學問，演變成繁複的思辨而與實際的生活產生脫節現象時，便會呆滯，或受淘汰。唯識學在印度，曾於西元四至七世紀之間大行其道，想必與修證經驗是相互爲用的；到了中國，僅是奘師、基師等的時代，如曇花一現，即歸沈寂。民初數十年中，以唯識注重方法，爲迎合西方的新科學風潮，又受到不少學者的發掘，不久仍歸於消沉。大概是與學理及實用之間有著若干距離的關係所致。

因此，站在純粹唯識學的立場，德清與智旭的作風是應該受批評的，站在唯識出於瑜伽，目的在於修證的觀點而言，不論法相唯識能否與眞常的唯心完全配合，像德清、智旭、太虛等的新嘗試，應該是值得鼓勵的。

（四）明末唯識著作一覽表：法相唯識學所依的典籍，雖有六部經典及十一部論典，然在中國唯識學的本身，所重視者則爲《成唯識論》、《三十唯識頌》、《二十唯識頌》、《百法明門論》、《觀所緣緣論》、《八識規矩頌》、《因明入正理論》。明末諸師，便沿襲著這樣的路線而寫作。

原書名	註釋書名	卷數	著作者	作成年代	現存處所
成唯識論	成唯識論俗詮	10卷	明昱	1611	《卍續藏》八一冊
	成唯識論集解	10卷	通潤	1611	〃
	成唯識論證義	10卷	王肯堂	1613	〃
	成唯識論音義	8卷	廣承	不明	未傳
	成唯識論自考錄	10卷	大惠	1626	《卍續藏》八二冊
	成唯識論遺音合響	10卷	大眞	1642	〃
	成唯識論觀心法要	10卷	智旭	1647	〃
	成唯識論音響補遺	10卷	智素	不明	《卍續藏》八二冊 《卍續藏》八三冊
唯識三十論	唯識三十論約意	1卷	明昱	1602頃	《卍續藏》八三冊
	唯識三十論直解	1卷	智旭	1647	〃
百法明門論	百法明門論解	2卷	普泰	1511	《卍續藏》四四冊 《卍續藏》七六冊
	百法明門論贅言	1卷	明昱	不明	《卍續藏》七六冊

百法明門論	百法明門論論義	1卷	德清	1612	《卍續藏》七六冊
	百法明門論纂釋	1卷	廣益	1622	〃
	百法明門論直解	1卷	智旭	1647	〃
觀所緣緣論	觀所緣緣論會釋	1卷	明昱	不明	《卍續藏》八三冊
	觀所緣緣論直解	1卷	智旭	1647	〃
觀所緣緣論釋	觀所緣緣論釋記附問答釋疑	1卷	明昱	不明	〃
	觀所緣緣論釋直解	1卷	智旭	1647	〃
因明入正理論	因明入正理論解	1卷	眞界	1589	《卍續藏》八七冊
	因明入正理論集解	1卷	王肯堂	1612	〃
	因明入正理論直疏	1卷	明昱	1612	〃
	因明入正理論直解	1卷	智旭	1647	〃
	因明論解	1卷	王菴	不明	未入藏
	因明解	1卷	鎮澄	不明	〃
	因明論解	1卷	蘊璞	不明	〃
奘師眞唯識量	三支比量義鈔	1卷	明昱	不明	《卍續藏》八七冊
	唐奘師眞唯識量略解	1卷	智旭	1647	〃

八識規矩頌	八識規矩補註	2卷	普泰	1511	《卍續藏》九八冊
	八識規矩略說	1卷	正誨	1589	〃
	八識規矩補註證義	1卷	明昱	1609	〃
	八識規矩頌解	1卷	眞可	不明	〃
	八識規矩通說	1卷	德清	1612	〃
	八識規矩纂釋	1卷	廣益	1622	〃
	八識規矩直解	1卷	智旭	1647	〃
統計 8種	35種	107卷	17人	1511—1647	

其中的《成唯識論音義》未完成，《成唯識論遺音合響》現不單行，然此二書，可從《成唯識論音響補遺》之中看到其梗概。另有三種未入藏的因明註解，也未見流傳。縱然如此，尚有三十種書計八十六卷的唯識著作，人數之眾多，著作量之豐富如此，後之佛教學者豈能不加以認眞的研究。

註解

註　一　（一）《大乘起信論》說：「心眞如即是一法界大總相法門體。」以心本性，是不生不滅相，一切諸法皆由妄念而有差別（《大正藏》三二．五八四頁下）。

（二）《圓覺經》說：「無上法王，有大陀羅尼門，名為圓覺，流出一切清淨眞如菩提涅槃及波羅蜜。」（《大正藏》一七．九一三頁中）

（三）《楞嚴經》卷三說：「本如來藏常住妙明，不動周圓。」（《大正藏》一九．一一四頁上）。卷四又說：「富樓那，汝以色空相傾相奪，於如來藏，而如來藏隨為色空，周遍法界。」（《大正藏》一九．一二〇頁下—一二一頁上）

註二　王肯堂序《成唯識論集解》（《卍續藏》八一．三〇二頁下）。

註三　王肯堂《成唯識論證義》自序（《卍續藏》八一．六四六頁上）。

註四　《卍續藏》八一．二頁下。

註五　《卍續藏》八一．六四五頁上。

註六　《卍續藏》九八．四一五頁上。

註七　《靈峯宗論》卷六之三，一七頁。

註八　《卍續藏》八二．三九二頁上。

註九　《卍續藏》八一．六四五頁上。

註一〇　《卍續藏》八二．三九三頁上。

註一一　《靈峯宗論》卷六之三，一七頁。

註一二　《靈峯宗論》卷六之三，二二三頁。
註一三　《卍續藏》八一・三〇六頁上。
註一四　《卍續藏》八七・一〇五頁上—下。
註一五　《卍續藏》八七・一〇四頁上。
註一六　《卍續藏》八七・一三五頁上。
註一七　《卍續藏》九八・五八三頁上。
註一八　《卍續藏》八二・三九三頁下—三九四頁上。

第四節　明末的唯識思想

(一)溯源：要瞭解明末的唯識思想，應先瞭解《華嚴經疏鈔》及《宗鏡錄》兩部書的中心思想，以及元人雲峯的《唯識開蒙問答》究係說了什麼？

1.《華嚴經疏鈔玄談》卷二說：「相是即性之相，故行布不礙圓融；性是即相之性，故圓融不礙行布。」(註一)卷三又說：「如如來藏，雖作眾生，不失佛性故。(《華嚴經》)〈出現品〉云：佛智潛入眾生心。」又云：「眾生心中有佛成等正覺。」(註二)雖然明知唯識學中，以八識爲生滅及涅槃之因，法爾種子，有無不同，故說五性差別，既立識唯惑所生，故立眞如常恆不變，不許隨緣。也知《楞伽經》及《大乘起信論》等的主張，與唯識家不同，以爲八識通於如來藏，隨緣成立，生滅與不生滅，和合而成，非一非異，一切眾生，平等一性，所以眞如隨緣。這是性相二宗的矛盾處，可是依照華嚴宗教判立場，建立五教差別，唯識是僅高於小乘，而稱爲大乘始教，性宗是第三，稱爲大乘終教，到了第四，大乘頓教如《維摩經》等經，即已不說法相，唯辨眞性，訶教勸離，毀相泯心。而此四教，均非究竟，到了第五大乘圓教，即是華嚴宗的立場，則唯是無盡法界，性海圓融，緣起無礙（註三）。故說法相法性，無不從此法界流，無不還歸此法界。眞心與妄心，八識與眞如，隨緣不隨緣，根本原是同一法界體性，合則互成，分則雙乖。

2.《宗鏡錄》的楊傑序云：「諸佛眞語，以心爲宗，眾生信道，以宗爲鑑，眾生界即諸佛界，因迷而爲眾生，諸佛心是眾生心，因悟而成諸佛。」這是把眞心、妄心合起來看的論調，亦即以圓教的立場，分析無差別中的有差別，有差別實即無差別。該序又說：「國初吳越永明智覺壽禪師，證最上乘，了第一義，洞究教典，深達禪宗，稟奉律儀，廣行利益，因讀《楞伽經》云『佛語心爲宗』，乃製《宗鏡錄》。……所謂舉一心爲宗，照萬法爲鑑矣。」（註四）

3.《宗鏡錄》永明自序有云：「約根利鈍不同，於一眞如（法）界中，開三乘五性。或見空而證果，或了緣而入眞；或三祇熏鍊，漸具行門；或一念圓修，頓成佛道。斯則剋證有異，一性非殊。……唯一眞心，達之名見道之人，昧之號生死之始。」又云：「物我遇智火之焰，融唯心之爐，名相臨慧日之光，釋一眞之海。」又云：「遂使離心之境，文理俱虛，即識之塵，詮量有據，一心之海印，楷定圓宗，八識之智燈，照開邪闇。……但以根羸靡鑑，學寡難周，不知性相二門，是自心之體用。……如性窮相表，相達性源。須知體用相成，性相互顯。」這些，無非說明了永明的立場，是華嚴圓融觀而以一心統攝性相爲主眼的。序中又說到他編《宗鏡錄》的用心及方式：「可謂搜抉玄根，磨礱理窟，剔禪宗之骨髓，標教網之紀綱。」又說：「今詳祖佛大意，經論正宗，削去繁文，唯搜要旨。假申問答，廣引證明。舉一心爲宗，照萬法如鏡，編聯古製之深義，撮略寶藏之圓詮，同此顯揚，稱之曰錄。」（註五）

可見《宗鏡錄》乃是繼承華嚴宗的思想，主唱以一心爲終始，以一心圓攝一切法，兼容禪教，融會性相。以一心爲宗，統收一切經教，不論生死或涅槃，八識或四智、妄境與眞如，均在唯一眞心之內，所謂心、佛、眾生，三無差別，僅是爲了眾生的根性有利有鈍，所以分別說出相和性。

4.《唯識開蒙問答》：此書共二卷，由「宣授懷益路義臺寺住持宗法圓明通濟大師雲峯集」，共計一百四十九題，以問答方式，介紹唯識，復以唯識爲中心，介紹通常的佛教教義，乃至討論禪教一致、性相無別、三教同異等問題。既稱爲「集」，表示係集前人著述而未申己見。但他所用資料，未必皆出於唯識系統，例如多次引用《楞嚴經》、《華嚴經疏鈔》、禪宗語錄，以及《維摩經》、《勝鬘經》等經。以是此書立場，雖在唯識，其體裁以及思想指導，似仍不出《宗鏡錄》的影響。

(1)在上卷的「成唯識義」條下，有如下的問答：

①「問：行其中道爲極則否？答：未必。問：何以故？答：若執依圓，還同遍計。……問：如性宗云：二邊莫立，純中道不須安，同此義否？答：同。如禪宗云：有佛處不得住，無佛處急走過，三千里外逢人不得錯舉，似此義否？答：似。又云：恁麼也不得，不恁麼也不得，恁麼不恁麼總不明，此亦似否？答：亦似。」

②「問：禪是禪心，教是佛語，焉得同也？答：佛心傳佛語，佛語說佛心，焉得不同。」（註六）

(2)上卷的「能所成義」條下，又有如下的問答：

①「問：成立唯識，有何義利？答：我佛法中，以心爲宗，凡夫外道，背覺合應，馳流生死，菩薩改之，故造此論，成立唯識，令歸本源，解脫生死。」

②「問：論者何義？答：教誡學徒，抉擇性相，激揚宗極。」（註七）

凡此，皆在表明《唯識開蒙問答》一書的思想背景，是因襲永明，溯源楞伽，以心爲宗，敷衍法相而會法性。

（二）明末兩流：明末的唯識諸家之中，大致可分二流：一是專攻唯識而不涉餘宗的，例如明昱及王肯堂二人，可爲代表。另一是本係他宗的學者，兼涉唯識的研究者，則其他諸師皆是。雖然明昱及王肯堂，仍不能擺脫《宗鏡錄》及唯識的影響（註八），他們已盡量以唯識的立場，採用唯識系的經論，作爲註釋的依據。從功力及內容而言，明末諸家的唯識著述，應以王肯堂的《成唯識論證義》，最爲傑出，無論組織、說明、文辭，尤其是探索義理方面，極富於學術的研究價值。

1. 唯識的唯識學：即是以唯識研究唯識的學者，他們未以圓融性相二宗爲目標，只是希望把唯識學的勝義闡揚出來，爲學佛修行者造福。唯識學主旨在以精闢的論理方法、謹嚴的組織分析，說明內在不動的識性以及外在變異的識相。菩薩即從識相而作重重分析，令眾生按圖索驥，轉識成智，泯相歸性。故說唯識，即是唯心。心有眞妄，性有虛實，識有染淨。性宗如果一味重視圓修圓悟，易於形成不知心及心所污染程度，不識心性的眞妄虛實，不別自身修證的確切層次，相宗則將心心所法的活動情況，心性的眞妄虛實交代清楚，修證層次歷歷分明。若以《成唯識論俗詮》及《成唯識論證義》作比較，前者的依據較少，故偶有臆測之見。後者廣讀大小乘經論，雖亦有與窺基等之唐疏有出入之處，大致說來，已經盡了不違唯識之說的全力，乃是一部値得學者們細加研究的好書。

2.唯心的唯識學：即是以華嚴、天臺，或禪宗的立場，來研究唯識，雖然同樣竭盡心力，解明唯識的論書，也用唯識系的經論，作爲解明唯識論書中的問題，但是他們的目的是以唯識學作爲他們某一層次上的橋樑或工具，此在明末的諸家中，又可分爲四類：

⑴以天臺宗爲基礎的學者：紹覺廣承一系的諸人，皆以天臺爲背景。例如大惠《成唯識論自考錄》自序有云：「(廣承)師三際敷揚，二時慈注，性相臺宗，一一傳習，尤慨臺相兩宗，久沒其傳。」(註九)因此，在他之後，至少有三位與天臺有關：

①大惠於《成唯識論自考錄》卷一〇，說明三身三土之處，即用天臺的四判教，謂：「橫論四教，豎則三土，同居四教，方便二教，實報一圓。」又引

《法華經．壽量品》句「大火所燒時，我此土安隱」，來說明《成唯識論》的「利他無漏淨穢佛土」（註一〇）句。海幢居士廣顧的《成唯識論自考錄》後跋，亦說大惠「遍閱臺案」（註一一）。

②大眞的思想背景，於智旭的《靈峯宗論》卷八之一，說他學習其師廣承的教法，於慈恩、智顗、慧思的宗旨，每多遊刃有餘。

③智旭不屬於天臺子孫，但他凡釋經論，均依天臺的方法，畢生主張教觀並重。例如《成唯識論觀心法要》的緣起文，劈頭便說：「夫萬法唯識，雖驅烏（沙彌）亦能言之，逮深究其旨歸，則耆宿尚多貿貿，此無他，依文解義，有教無觀故也。然觀心之心，實在於教外，試觀十卷（《成唯識論》）論文，何處不明心外無法，即心之法，是所觀境，了法唯心，非即能觀智乎？」（註一二）智旭曾作《教觀綱宗》，爲後來天臺宗的入門書。《法華經》廣明本跡，故須立「觀心釋」一科，《成唯識論》直詮心法，成立唯識道理，即是觀心法門，所以他的註釋，名爲《成唯識論觀心法要》。他的立場已極顯明。

(2)以《楞嚴經》爲基礎的學者：宋以後的性宗諸家，所依主要經論，大致不出《圓覺經》、《楞嚴經》二經及《大乘起信論》。明末諸唯識學者，除了明昱及王肯堂之外，無不引用此等性宗經論。而以通潤對於《楞嚴經》特具因緣，例如他在《楞嚴合轍》的自序中說：「予少孤，生於貧里。……爾時乃屬意《楞嚴》，且私淑王如會解。……丙戌，適無錫華藏啟《楞嚴》講期，主法者爲先大師雪浪。……予始得看經法，自是以後，唯獨坐靜處，案上唯置《楞嚴》，即胸中、眼角、口吻邊，亦唯置《楞嚴》，且讀且思……積數年而《楞嚴》一貫之旨，字字皆契佛心。」（註一三）然在《成唯識論集解》之中，所引《楞嚴經》經文不多，倒是常見《大乘起信論》的生滅與不生滅和合非一非異義、隨緣義、眞如心即是一法界大總相法門體義等（註四）。

(3)以《大乘起信論》爲基礎的學者：凡是以性宗爲立場的，無不重視《大乘起信論》，《大乘起信論》與唯識的觀點不同之處，主要在於《成唯識論》卷九的眞如被八識依，既爲生死依，亦爲涅槃依，但其性淨不受薰，離雜染不隨緣，故待八識轉成四智，方與眞如合一。至於《大乘起信論》的第八識，是生滅與不生滅的和合識，即是如來藏，又名眞如隨染緣而入生死，隨淨緣則住涅槃，所以眞如是可受薰的。研究唯識的人，當然都知道這點，但他們仍以圓融的觀點，將此兩流合而爲一。此在明末諸師之中，可舉二例如下：

①德清曾將唯識系的《百法明門論》、《八識規矩頌》，與《大乘起信論》相提並論。他在《八識規矩通說》的前言中說：「予不揣固陋，先取《起信》，會

通《百法》，復據論義，以此方文勢，消歸於頌。」（註一五），又於《百法明門論論義》前言中，盛讚：「唯馬鳴大師作《起信論》，會相歸性，以顯一心迷悟差別。」又說：「其唯識所說十種眞如，正是對（《大乘起信論》之）生滅所立之眞如耳。是知相宗唯識，定要會歸一心爲極。此唯《楞嚴》所說，一路涅槃門，乃二宗之究竟也。」（註一六）

②智旭的思想，看似非常廣博，實則，其重心亦以《楞嚴經》及《大乘起信論》爲依歸，尤其對於《大乘起信論》的推崇，甚至不惜批評了窺基，也指責了宗密（註一七）。在其所作《大乘起信論裂網疏》的自序中，先斥華嚴宗判《成唯識論》爲立相始教，又判《中論》爲破相始教，《大乘起信論》爲終教兼頓之不當。又將《大乘起信論》與《成唯識論》的觀點連接起來而主張：「《唯識》謂眞如不受薰者，譬如波動之時，濕性不動，所以破定一之執，初未嘗言別有凝然眞如也。然則，《唯識》所謂眞，故相無別，即《起信》一心眞如門也；《唯識》所謂俗，故相有別，即《起信》一心生滅門也。」（註一八），又以《大乘起信論》與《大乘止觀法門》一書，在思想系統上，頗有淵源，所以智旭的天臺宗，每以南嶽慧思及天臺智顗並舉，毋寧說他是以《大乘起信論》與《大乘止觀法門》爲中心的天臺學，故也是以《大乘起信論》與《大乘止觀法門》爲中心的唯識學。

在《成唯識論觀心法要》之中，屢以《大乘起信論》與《大乘止觀法門》，作為論證或對比的說明。由此，便可瞭解智旭的思想背景了。

⑷以禪修為基礎的唯識學：宋以後的中國佛教，不論僧俗，亦不論其以任何一宗的研修為專長，他們的出身，大概都與禪寺的禪僧有深厚的淵源。故也可說，明末的唯識學者，均有禪宗的背景，其中最突出的，是憨山大師，所以他的《百法明門論論義》，不為解釋法相，旨在便利參禪用工夫，現舉數例如次：

①釋「作意」條下，他說：「故今參禪看話頭，堵截意識不行，便是不容作意耳。」

②釋「五徧行」條下，他說：「其實五法圓滿，方成微細善惡，總為一念。……參禪只要斷此一念，若離此一念，即是眞如心，故《起信》云，離念境界，唯證相應故。」

③釋「行捨」條下，他說：「以有此捨，令心不沉掉，故平等耳。言行蘊中捨者，以行蘊念念遷流者，乃三毒習氣，薰發妄想，不覺令心昏沉掉舉。……故予教人參禪做工夫，但妄想起時，莫與作對，亦不要斷，亦不可隨，但撇去不顧，自然心安。蓋撇即行捨耳。」

④釋「心所」條下，他說：「此心所法，又名心數，亦名心跡，亦名心

路。謂心行處，總名妄想，又名客塵，又名染心，又名煩惱。……今修行人，專要斷此煩惱，方爲眞修。《楞嚴經》云：『如澄濁水，沙土自沉，清水現前，名爲初伏客塵煩惱，去泥純水，名爲永斷根本無明。』故修行人，縱得禪定，未斷煩惱，但名清水現前，而沙土沉底，攪之又濁。況未得禪定而便自爲悟道乎。」此條他是以心所法作爲考察禪定工夫的依準，而且主張，悟道須假禪定工夫。

⑤釋「色法」條下，他說：「內五根，外六塵，通屬八識相分。故參禪必先內脫身心，外遺世界者，正要泯此相、見二分。……故身心世界不清，總是生死之障礙耳。」（註一九）

另外，紫柏大師眞可曾說：「性相俱通而未悟達摩之禪，則如葉公畫龍頭角，望之非而宛然也。」（註二〇）

註解

註　一　《卍續藏》八・三九六頁下。

註　二　《卍續藏》八・四一九頁下。

註　三　參考《華嚴經疏玄談》卷五（《卍續藏》八・五〇五頁上－五一七頁下）。

註　四　《大正藏》四八・四一五頁上。

註　五　《大正藏》四八・四一五頁下—四一七頁上。

註　六　《卍續藏》九八・四二二頁下—四二三頁上。

註　七　《卍續藏》九八・四二三頁上—下。

註　八　《成唯識論俗詮》卷一及《成唯識論證義》卷一，均照抄《唯識開蒙問答》所說：「我佛法中，以心爲宗，凡夫外道背覺合塵，馳流生死，菩薩改之，故造此論。」以說明《成唯識論》的成立宗旨。其實，「以心爲宗」是《宗鏡錄》的立場，「背塵合覺」則出於《楞嚴經》卷四。而至於窺基的《成唯識論述記》卷一，乃謂：「諸愚夫類，從無始來，虛妄分別因緣力故，執離心外定有眞實，能取所取。如來大悲，以甘露法授彼令服，斷妄狂心，棄執空有，證眞了義。華嚴等中說一切法，皆唯有識。……故此即以唯識爲宗。」（《卍續藏》七七・三頁下）

註　九　《卍續藏》八二・九三頁上。

註一〇　《卍續藏》八二・三八九頁下—三九〇頁上。

註一一　《卍續藏》八二・三九二頁上。

註一二　《卍續藏》八二・三九三頁上。

註一三　《卍續藏》二二・二七二頁上—下。

註一四　（一）《成唯識論集解》卷三（《卍續藏》八一・三九九頁上）。

註一五　《卍續藏》九八．五八三頁上。

註一六　《卍續藏》七六．八五一頁下。

註一七　智旭的《儒釋宗傳竊議》：

（一）評窺基曰：「靈山道法，恐未全知，無怪乎《唯識》一書本是破二執神劍，反流爲名相之學。」

（二）評宗密曰：「則是荷澤知見宗徒，支離矛盾，安能光顯清涼之道。」（《靈峯宗論》卷五之三）

註一八　《大正藏》四四．四二二頁下。

註一九　以上五例均見於《百法明門論論義》（《卍續藏》七六．八五三—八五七頁）。

註二〇　《卍續藏》一二七．九一頁。

第五節　性相融會的佛教思潮

明末的唯識學，既然不能脫出華嚴四祖的《清涼疏鈔》，以及永明延壽的《宗鏡錄》的思想影響，也就不能沒有性相融會論的傾向了。從根本佛教或佛陀的本懷而言，一切的經教理論和生活的律儀，都是爲了消解眾生的煩惱而作的方便設施，應病與藥。病有種種，方亦種種，沒有病即不需藥及藥方，也不可執死方而治變病，更不可執一藥方而治眾病。唯識唯性，雖有染淨之諍論，沒有內外之差別。一類人的根性好思辨樂分析，故用唯心識觀，逐層剝落，轉識成智。又一類人的根性好簡潔善直入，故用眞如實觀，不用攀緣，直指心源，明心見性。所以唯識偏於相，唯心偏於性，是一體兩面，不是背道而馳。這是性相融會論者的看法，當然不能算不對，釋迦世尊根本未曾分別性相的不同。性相的分流，是由於後來的祖師們，從對佛法的修證經驗，以及對經教的認識而作的說明，佛說法門無量，門門皆通涅槃，法法皆是正法金棒切成數段，段段皆是眞金，佛法宜從基礎扎根，再向縱與橫的全面發展，如果強調發展某一種特定的法門，這是宗師的責任，如果能夠顧及全面佛法的普遍發展，那才是大師的胸襟。所以明末諸師中，不乏有遠見的大師，希望佛法不要被宗派的門戶所局限，而主張禪淨雙修、禪教一致、顯密圓通、性相融會、禪教淨律密並重。這種見解是對的。唯其也有不少紕漏，其流弊所至，乃是雜學、雜修、不知本末、不分先後、不識輕重，故將佛教的正法弄成支離破碎，修行的結果變爲疑神疑鬼的外道魔邪。所以，大師不常出世，如果不是大師，但能專弘他的所長的一種正統的法門，比較安全。

現在，將明末諸師的性相融會之說，列舉數條如次：

（一）一雨通潤的《成唯識論集解》自序，開頭就說如來的一代時教，雖然由於適應不同根機而設不同的法門，歸結亦不出性相二字。性是不生滅、無來去、離四句、絕百非，即是《楞伽經》的「寂滅一心」，也是《楞嚴經》的「清淨覺性」。所謂相，即是此一清淨覺性中的瞥爾不覺，流而為識，結而為色。又說：「見性雖不在相，實由徹相以見性，是則相宗為見性之明燈。」（註一）

（二）我雖將王肯堂列為唯識的唯識學者，但他畢竟是紫柏大師的弟子，故其《成唯識論證義》自序中，也說：「曰一心之德名為眞如，眞如具有不變隨緣二義，以不變之心，言一不可得，況有八（識）乎？以隨緣之心，言八萬四千不足以盡之，乃以八（識）為支離哉？夫眞心即事即理，即相即性，即空即色，即智即如，即圓融即行布，即眞如即生滅，所謂一法界也。迷一法界而宛然成（性相之）二矣。」（註二）此中的「眞如隨緣」，是性宗的立場，「即相即性」的「圓融行布」，也是性宗立場的融會論調。

（三）憨山德清的《百法明門論論義》中說：「嗟今學者，但只分別名相，不達即相即性歸源之旨，故使聖教不明。」

（四）達觀眞可的〈唯識略解〉中說：「八識四分，初無別體，特以眞如隨緣，乃成種種耳。夫眞如隨緣之旨，最難明了，良以眞如清淨，初無薰染，如何瞥起隨緣耶？於此參之不已，忽然悟入，所謂八識四分，不煩少檢，唯識之書，便能了了。……是以有志於出世而荷擔法道，若性、若相、若禪宗，敢不竭誠而留神哉！」（註三），又於《紫柏尊者別集》卷一所見，他說：「性宗通而相宗不通，則性宗所見猶未圓滿；通相宗而不通性宗，則相宗所見亦未精徹。」（註四）

（五）雲棲袾宏的《竹窗隨筆》論「性相」條下，曾說：「相傳佛滅後，性相二宗學者，各執所見，至分河飲水，其爭如是。……性者何？相之性也。相者何？性之相也。非判然二也。」

（六）蕅益智旭在二十五歲時代，即已悟得性相融會的道理，他的理論根據，是從《占察善惡業報經》發現的，唯心識觀及眞如實觀的兩種觀法。故在〈教觀要旨答問十三則〉一文中，他說：「唯心是性宗義，依此立眞如實觀。唯識是相宗義，依此立唯心識觀，料簡二觀，須尋占察行法。」（註五），又在他的〈刻占察行法助緣疏〉中說：「此二卷（《占察善惡業報經》），已收括一代時教之大綱，提挈性相禪宗之要領。」（註六），又在《成唯識論觀心法要》的凡例之中，聲稱：「性之與相，如水與波，不一不異，故曰性是相家之性，相是性家之相。今約不一義邊，須辨明差別，不可一概儱侗；又約不異義邊，須會歸圓融，不可終

滯名相。」（註七）

性相二字，本無定界，以此二字，可表同一意義，例如《解深密經》說的遍計所執相、依他起相、圓成實相，在《楞伽經》則稱爲遍計所執性、依他起性、圓成實性。所以性相不妨互用。圓成實相或圓成實性，都是指的清淨不變的道理眞實或眞如，遍計所執相或遍計所執性，都是指的虛幻雜染的妄見，依他起相或依他起性，都是指的世俗眞實或認識。可見不用鼓吹性相融會，性相本來無別。不過唯心論者主張的性相融會，是以性爲諸法實體，相係諸法現象而言。性宗的唯心論者的立場，實相無相，故空。相宗唯識論者的立場，三性三無性，故亦空。《楞嚴經》的徵心不見心是空，《唯識三十頌》的不住唯識性也是空。可是，性宗的眞空是在肯定妙有，護法系的唯識宗，親證法性無所得時，是無疏所緣緣的影像相，仍有親所緣緣的眞如體相。結果，不論說性說相，最後還不是沒有。所以性相二系有其共通之點，融會之說當然可以成立。雖然性相融會論的著眼點，不在於此，而在先把性相當作一內一外、一眞一妄、一實一虛地對立起來，然後泯相歸性，導相入性。視相爲事而視性爲理，在圓教的立場，事理圓融，乃至事事無礙，所以性相融會。

註解

註 一 《卍續藏》八一．三〇四頁下―三〇五頁下。
註 二 《卍續藏》八一．六四五頁上―下。
註 三 《卍續藏》九八．五八〇頁下―五八一頁上。
註 四 《卍續藏》一二七．九一頁下。
註 五 《靈峯宗論》卷三之三。
註 六 《靈峯宗論》卷七之三。
註 七 《卍續藏》八二．三九二頁下。

第六節 結論

本文的最早寫作動機，是在筆者撰作博士論文的時代，於《卍續藏》中接觸到了不少有關明末諸學者的唯識觀點及其著述，當時因非論文的主題範圍，所以擱置下來，今（一九八二）年八月國際佛學研究會（The International Association Buddhist Studies）在倫敦召開，要我去發表論文，所以花了半個多月的時間，先以中文撰成此稿，正好可供我佛學研究所第六期《華岡佛學學報》刊用，英文譯稿則交國際佛學研究會。筆者未有任何創見，只是將資料研究整理，提出一個概要，以備他日再作進一步的探索。

（一九八二年五月二十九日完稿於紐約禪中心）

第四章　明末的居士佛教

第一節　緒言

佛教在中國，自從宋室南遷（西元一一二七年）之後，漸漸式微，尤其經元朝蒙古族的統治（西元一二八〇——一三六七年），明朝開國君主朱元璋，雖曾做過沙彌，並未把佛教特別重視，以致到了西元一四二五至一五六七年的百餘年間，佛教的人才奇缺，勢力不振，直到明末的萬曆年間（西元一五七三——一六一九年），始有復甦的氣象。此乃由僧侶人才的出現和居士佛教的活躍而來。

從居士人才的考察而言，明末的時代，極爲隆盛，清朝的彭際清（西元一七四〇——一七九六年）所編的《居士傳》（註一），共計五十六卷，自三七至五三卷，爲明代居士的傳記，其中只有四人是萬曆以前的人，其他的有六十七人的正傳及三十六人的附傳，均屬於萬曆年間以至明朝亡國期間（西元一五七三——一六六一年）的人物。也可以說，當時的中國佛教，既有了僧侶人才的輩出，也有了居士人才的陪襯，所謂紅花綠葉，正因爲有了許多傑出居士的護持三寶，僧侶佛教也顯得非常活躍。

明末的居士，以他們的社會地位而言，大多數屬於士大夫階級，以讀書而爲官吏，乃是當時唯一的最好出路。由於他們是爲考試官吏的資格而讀政府指定的儒書，所以他們的思想背景，是站在儒家的立場，甚至有人受了朱熹（西元一一三〇—一二〇〇年，宋朝的儒家大學者）學說的影響，原來是反對佛教的。信佛之後的居士們，大多仍出入於儒、釋、道三教之間，往往以儒家的孔、孟言論來解釋或說明佛教的經典。有人把學問分成二門，一爲經世的，一爲出世的，儒爲經世之學，佛爲出世之學（註二）。另外有些居士，以儒者的基礎，學長生不死的仙術，再轉而學佛（註三）。因此，明末居士的思想，富有儒釋道三教同源論的色彩，是無法否認的事實。此在當時極負盛名的幾位佛教僧侶的著述中，也可看到同樣的傾向（註四）。

以地理的分布言，明末的文化中心，隨著政治勢力的消長而向南方遷移，明末的名居士，大多出生於黃河以南尤其是長江以南，北方的居士甚少（註五）。當時的儒家學術的中心也在這個區域。特別是王陽明（西元一四七二—一五二八年）學派的活動，給佛教的影響很大。中國的儒家學者，不論是激進派如朱熹之徒，或溫和派如王陽明，在基本觀念上，都是不贊成佛教的。但是王陽明的思想，取自佛教者不少，故到他的第三代學生之中，也有好幾位傑出的人物，在發揚儒家教義的同時，信奉佛教，傳播佛法了（註六）。

佛教之所以能夠吸引讀書人或士大夫來信奉它，主要的還是由於學術研究的公開，中國史上雖曾有過禁止佛教與摧毀佛教的政治行爲，但在漫長的歷史過程中，那是幾次極其短暫的事件而已，儒家雖站在反對佛教的一邊，卻未以政治手段來壓制佛教。因此，不論你贊成或反對，均有自由研究佛教及閱讀佛書的機會。在明末的居士之間，最受重視的佛教經典，有《金剛經》、《阿彌陀經》、《法華經》、《華嚴經》、《楞嚴經》、《心經》、《圓覺經》、《四十二章經》、《佛遺教經》、《六祖壇經》、《五燈會元》以及《大乘起信論》等。最値得注意的是，當時的居士之中，除了誦經、念佛、參禪之外，也重視持咒，最流行的咒文是〈準提咒〉，且有結社持誦它的風氣（註七）。

事實上，當時的中國佛教界，就是流行著禪、淨、密、律等諸宗合一的思想，當時這一思想的代表人物是蕅益智旭大師（西元一五九九—一六五五年）（註八）。迄目前爲止，中國佛教仍然受著這一傾向的支配；不像日本的大乘佛教，主要的雖從中國傳入，他們的各宗之間是保持著嚴密界限的。近世的中國佛教則不然，禪宗寺院的僧侶可至律宗寺院求戒，任何一宗的僧侶均可修淨土宗的念佛法門，也可持誦密宗的咒文。因此，明末的居士們，大多是他們自己接觸到了佛教的書籍及修行方法，進而訪問當時的高僧，求取更深入的認識和體驗。

當時對於居士界影響力最大的，是雲棲袾宏大師（西元一五三五—一六一五年）（註九），他的思想背景是屬於華嚴宗的，而他極力主張「參究念佛」，原則是禪和淨土並重並修，但仍側重於念佛法門。所以當時的居士們，以念佛為主要的修行法門。同時由於雲棲袾宏是中國佛教史上，提倡戒殺、放生運動之中，最具代表性的一位高僧，所以當時的居士之中，組織放生會，撰寫有關放生理論的文章，設置放生池的，大有人在。此與現代西洋人士的保護動物運動的主旨，頗有不同，保護動物是基於人道主義的同情心；戒殺和放生則除了是出於同情心之外，尚有因果報應的信仰原則在內。

印度的大乘佛教思想，在「空、有、眞常」的三大系統，傳到中國的，也有三大系統。到了明末時代，「空」的思想未見發揚，唯王陽明的第三代學生李卓吾（西元一五二七—一六〇二年）是以空宗為歸的（註一〇），而他所見的空，不過是理論的禪，中國禪宗的根本立場，是屬於「眞常」的系統。因為明末的禪宗學者，大多流於虛浮圓滑的空談理論，當袁中郎（西元一五六八—一六一〇年）初與李卓吾接觸而進入佛門，後來發覺此種空談，不切實際，很容易由於空談本源清淨的佛性，或者僅知道一些如訶佛罵祖的公案而不實際修行，結果便形成了否定因果的外道邪見。袁氏因李氏而信佛，後來袁氏則極力提倡淨土的念佛法門（註一一）。有宗的思想，在明末時代，也很晦暗（註一二）。說得更明顯一點，明末的佛教界，不論僧俗，是以念佛法門爲修行的主流，禪的修行乃居於次要的位置，禪的精神卻是明末佛教支柱。不論淨土與禪，均屬於「眞常」的系統。

明末的居士之中，也有富於道教色彩的人物，例如袁了凡其人，是由於雲谷法會禪師（西元一五〇〇—一五七九年）的接引而入佛教，他的「功過格」思想也與佛教因果報應的觀點一致，但他積十年的歲月，行三千善功，目的在修成道教的仙人，也在佛前發願，求諸佛及聖賢們賜給他神丹或仙草，使他在此世間活得更長一點，以便救度衆生（註一三）。類似這種思想，分明是以道教的神仙信仰爲基礎而來修學佛法的。

明末的居士們，並沒有他們的獨立組織，來作爲他們的宗教活動的機構。結社修行（註一四），也不過是約集了數位同道，在一處定期修行，並不對外活動。所謂放生會（註一五），也不是組織，僅是將這個名目來向人籌款，購買生物釋放，或鑿一口池塘來給人家買了水族類生物來放養而已。居士們除了通常的修行之外，對於貧苦者的救濟、獄中囚犯的教化（註一六），尤其當他們在擔任地方官的時候，注意減稅（註一七）、減刑（註一八），以及興建便利民眾生活的設施。

不過，明末的中央政府並不理想，凡是忠貞耿直之士，往往會遭到殺身之禍。所以明末的居士，死於政治迫害的也有好幾位，例如李卓吾以七十六歲高齡，被逮後，自殺死於獄中。周景文（西元？—一六二六年）被宦官魏忠賢（西元？—一六二七年）處死。事態較輕的，則有被革職歸故鄉的，也有自動以疾病作藉口而辭職隱居的。到了明朝滅亡，清朝政府勢力南下之時，又有好多正在做官或剛退官而忠於明朝的居士們被難身死（註一九）。故也可以說，除了由社會文化的自然發展，而有了若干儒家及道教學者，轉入佛教，另外兩個顯著的原因，應該是：1.由於宋明儒家的抬頭，給了佛教的大刺激，所以有雲棲袾宏、紫柏眞可（西元一五四三—一六〇三年）、憨山德清（西元一五四六—一六二三年）、蕅益智旭（西元一五九九—一六五五年）等傑出僧人，被後人稱爲明末四大師的出現，使得士大夫階級的讀書人，向心於佛教。2.由於中央政府的腐敗，使得人民體會到生命財產的沒有保障，故以佛教的因果觀來解釋他們的命運，並且求於此身死後，往生西方極樂世界。

這可能是居士佛教在明末時候，蓬勃發達的幾個主要因素。

現以《居士傳》卷三八至五三所列明末諸居士做研究的資料依據，從不同的

各種角度，加以分析與整理，作成統計式的報告。（見本章第二節）

註解

註　一　《居士傳》撰於西元一七七〇至一七七五年，整整五個年頭，其資料之百分五十係根據佛教的史傳，餘則別徵一般的史傳、諸家文集、諸經序錄、百家雜說，統一寫作而成列傳五十六卷，詳其入道因緣，成道功候，俾有志者，各隨根性，或宗或教或淨土，觀感願樂，具足師資。其編寫宗旨，具見於篇首的「發凡」。此書被收於《卍續藏》一四九冊。

註　二　在明末的居士之中，依據《居士傳》的資料，即有十二位具有儒家理學的背景，趙大洲的《二通》，將儒學稱爲「經世通」，佛學稱爲「出世通」，闡述他的儒佛會通的思想（《居士傳》卷三九）。另有以孔孟之說解佛經者，如薛元初（《居士傳》卷三八）及陶周望（《居士傳》卷四四），甚至有一位朱白民氏以《四十二章經》及《佛遺教經》乃是佛門的《論語》（《居士傳》卷四八）。

註　三　（一）莊復眞「少爲儒，已而學醫，年四十餘，頗厭世事，遂從事養生術，久之致疾。……一旦覩花開落，悟身無常，即毀園閉關坐禪。」（《居士傳》卷四二）

（二）朱白民「親死，乃棄諸生，學長生術，遠遊至四嶽，登天井，黃緇道服，掀髯

長嘯，見者以爲仙也。已而參雲棲宏公，探求法要。」（《居士傳》卷四八）

註　四　（一）紫柏眞可的《紫柏老人集》卷四「示阮堅之」的法語中述及儒與道及佛法之會通點（《卍續藏》卷一二六．三四八頁D）。

（二）憨山德清的《夢遊集》卷四五，收有《觀老莊影響論》及《道德經解發題》，而且他也著有《中庸直解》二卷，《老子解》二卷，《莊子內篇註》七卷。

（三）蕅益智旭的《雲峯宗論》卷七之四的第十頁，於〈金陵三教祠重勸施棺疏〉一文內說：「自心者，三教之源，三教皆從此心施設。」

（四）參看聖嚴著《明末中國佛教の研究》第一章第三節第三項。

註　五　參看本章第二節。

註　六　參看本章第五節。

註　七　參看本章第七節。

註　八　參看聖嚴著《明末中國佛教の研究》第一章第五節第四項，以及同書第五章第五節第四項和第五項。

註　九　參看本章第四節，在所舉的四十四位居士之中，竟有二十四人是與雲棲袾宏有過佛法的酬對關係。

註一〇　《居士傳》卷四三的「李卓吾傳」有云：「卓吾風骨孤峻，善觸人，其學不守繩轍，

出入儒佛之間，以空宗爲歸。」（《卍續藏》一四九．四七五頁A）

註一一　《居士傳》卷四六「袁伯修傳」有云：「初學禪於李卓吾，信解通利，才辯無礙。已而自驗曰：『此空談，非實際也。』遂回向淨土。晨夕禮誦，兼持禁戒。」（《卍續藏》一四九．四八四頁A）同時作有《西方合論》一卷，被蕅益大師的弟子晟時，收入《淨土十要》第十卷。

註一二　大乘的有宗，即是法相唯識學派，明末時代此派雖稱晦暗，仍比宋元時代爲佳，從《卍續藏》的目錄之中，根本未見宋元時代的唯識法相的著述，除了唐代的諸家，便是明末的高原明昱、一雨通潤、蕅益智旭、靈源大惠的著述，尤其尚有一位王肯堂（宇泰）居士，也著有一部《成唯識論證義》十卷。但在當時的學者，已無法讀到窺基等唐人所寫的唯識學的早期著述，不免有閉門造車、牽強附會之感。

註一三　《居士傳》卷四五「袁了凡傳」引其佛前所發的願文中，有如此的一條：「不願生天，獨受樂趣，覩諸眾生，昏迷顚倒。不願證聲聞緣覺，自超三界。但願諸佛憐我，賢聖助我，即賜神丹，或逢仙草，證五通仙果，住五濁惡世，救度眾生，力持大法，永不息滅。」

註一四　（一）《居士傳》卷四一「戈以安」條云：「戈以安……奉佛甚虔，與僧元素，結春秋二社，爲念佛會，誦《華嚴經》。」（《卍續藏》一四九．四七〇頁C）

（二）《居士傳》卷四七「劉玉受」條有云：「自玉受以持〈準提〉，唱於鄉里，其後進之士，若楊子澄及其二子、維斗公幹、李子木、徐九一、劉公旦、姚文初諸賢，皆結準提社。擇桃花塢、桃花菴故址，闢精舍，修白業。」（《卍續藏》一四九．四八九頁B）

（三）《居士傳》卷五一「蔡惟立」條下有云：「（惟立）嘗與金正希、黃元公、錢啟忠、蕭士瑋諸賢，訂爲密社，究竟大事。」（《卍續藏》一四九．四九五頁B）

註一五（一）《居士傳》卷四七「劉玉受」條有云：「先是玉受嘗舉放生會。」（《卍續藏》一四九．四八九頁）

（二）《居士傳》卷四二「虞長孺」條有云：其弟「僧孺放舟湖心，過三潭，僧孺慨然曰『此古放生池也，奈何爲漁人所奪！』長孺因謀復之，築堤架閣，爲放生所。」（《卍續藏》一四九．四七四頁A）

（三）《居士傳》卷四八「陳用拙」條有云：「用拙首爲募金，搆禪院，縣中諸搢紳創放生社，請用拙司之，常以私錢佐其費，所放生物不貲。」（《卍續藏》一四九．四九一頁C）

（四）《居士傳》卷四九「周景文」條有云：「景文爲倡募，廣其放生之池。」（《卍續藏》一四九．四九二頁B）

（五）另有：1.《居士傳》卷四一「楊邦華」條的「放諸生物」。2.《居士傳》卷四二「黃平倩」條的「得俸錢，輒買生物放之」。3.《居士傳》卷四八「程季清」條的「自號十願居士，里中放生、度鬼、禮懺、誦經諸會，必季清爲之導」。

註一六（一）《居士傳》卷四八「丁劍虹」條有云：「所至輒以佛法勸人，法應杖者，聽納米以贖，瞻諸獄囚。遇夏月，修獄舍，給諸囚香薷飲、葵扇。冬月與之椒薑。擇醫視病者。人與念珠一串教令念佛。」（《卍續藏》一四九．四九〇頁A）

（二）《居士傳》卷五二「熊魚山」條有云：「魚山在獄年餘，以佛法攝獄中人，晝二時禮誦，夜演蒙山法，拔瘦死者。又爲獄中人說《心經》，因筆之爲《心經再傳》。」（《卍續藏》一四九．四九九頁D）

註一七《居士傳》卷四五「袁了凡傳」有云：「萬曆十四年成進士，授寶坻知縣，了凡自爲諸生，好學問……終以善行遲久未完，自疚責。一夕夢神告曰：『減糧一事，萬行完矣。』初寶坻田賦每畝二分三釐七毫，了凡爲區畫利病，請於上官，得減至一分四釐六毫。神人所言，指此也。縣數被潦，乃濬三坌河，築堤以禦之；又令民沿海岸植柳，海水挾沙上，遇柳而淤，久之成堤，治溝塍、課耕種，曠土日闢，省諸徭役以便民。」（《卍續藏》一四九．四八二頁A）

註一八　《居士傳》卷四九「周景文」條有云：「嘗曰：吾爲刑官六年，從不敢一用夾棍。」（《卍續藏》一四九．四九二頁B）

註一九　有關政治迫害及壯烈殉於明王朝的居士事蹟，請參閱本文第八節。

第二節　明末居士的地理分布表

省別	人數	人名
江蘇	31	嚴敏卿、殷時訓、陳廷裸、顧清甫、管登之、焦弱侯、瞿元立、王弱生、王宇泰、董元宰、袁了凡、趙凡夫、劉玉受、王孟夙、丁劍虹、朱白民、莊平叔、黃子羽、錢伯韞、吳瞻樓、王先民、陳用拙、周景文、姚孟長、徐成民、蔡惟立、黃介子、黃蘊生、張大圓、蔣虎臣、嚴拭
浙江	17	陸與繩、唐體如、戈以安、郝熙載、吳大恩、朱元正、虞長孺、莊復眞、鮑性泉、陶周望、唐宜之、朱兆隆、黃元孚、聞子與、馬邦良、虞僧孺、陶奭齡
湖北	6	鈞伯敬、袁伯修、袁中郎、袁小修、金正希、熊魚山
河北	4	朱綱、劉通志、杜居士、崔應魁
江西	4	王道安、楊邦華、曾端甫、黃元公

安徽	4	薛元初、程季清、孫叔子、吳用卿
四川	3	趙大洲、黃平倩、劉長倩
廣東	2	楊貞復、駱見於
河南	1	郭大林
湖南	1	蔡槐庭
雲南	1	周楚峯
福建	1	李卓吾
不詳	3	張愛、溫月峯、李生
合計	78	

從上面的統計表，可以明白，明末的居士，集合十二個省籍，總共七十八人，以江蘇省的人數最多，其次是浙江省，可知當時中國的文化中心，也是中國佛教的舞臺，是以江南的江浙兩省爲重鎭。另外尚有一位江蘇籍的錢牧齋謙益居士（西元一五八二—一六六四年），竟未被《居士傳》的作者列入，他與明末四位大師的關係也很接近（註一），可能是由於在他歿後百年，乾隆皇帝將錢謙益的著作，列爲禁書，他的名字也被從清代所著的史書中抹除，《明史》之中，未爲其立

傳，卻在卷三〇八列傳一九六〈奸臣列傳〉周延儒與溫體仁的傳記中，記述了不少有關於錢謙益的資料（註二）。

《居士傳》所列明末的居士們，既以江蘇及浙江兩省的人為中心，當時的中國佛教，也是以江浙兩省最繁榮，乃至迄於清末明初，中國佛教的著名寺院數量與僧尼數量，仍以江浙兩省居其首位。

再看這些有名的居士們，多半是有功名的士大夫階級，故對當時社會風氣的影響力很大。

註解

註　一　（一）錢牧齋作〈八十八祖道影傳贊附三大師傳贊序〉有云：「余與（袾宏、德清、真可）三大師宿有因緣。」（《卍續藏》一四七．四九九頁D）

（二）錢牧齋作《楞嚴經疏解蒙鈔》卷首之一，曾提及智旭之名，又在《靈峯宗論》卷五之二收有蕅益智旭致錢氏的兩通書信。

註　二　有關錢牧齋的資料研究，參看聖嚴著《明末中國佛教の研究》第一章第五節第七項。

第三節　明末居士的功名地位表

功名	人數	人名
進士第一	2	焦弱侯（焦竑）、朱兆隆
進士	30	王道安、黃元公、趙大洲、黃平倩、嚴敏卿、殷時訓、陳廷祼、王弱生、王宇泰、董元宰、丁劍虹、周景文、姚孟長、蔡惟立、張大圓、蔣虎臣、嚴拭、陸與繩、虞長孺、陶周望、馬邦良、蔡槐庭、楊貞復、鈞伯敬、袁了凡、袁伯修、袁中郎、袁小修、金正希、熊魚山
舉人	2	劉長倩、王孟夙
諸生	11	楊邦華、顧清甫、管登之、袁了凡、劉玉受、朱白民、黃介子、唐體如、郝熙載、朱元正、唐宜之
儒生	1	王先民
秀才	1	黃蘊生
隱士	1	杜居士
國子監	1	殷時訓
右都御史	1	王宇泰
禮部尚書	1	董元宰

刑部主事	1	李卓吾
知府	3	瞿元立、李卓吾、管東溟 、
知縣	2	袁了凡、錢伯韞
中官	1	張愛

以上表可見，共計七十八名居士之中，竟有五十位是功名中人，此僅限於《居士傳》的資料所見，若另以他項史料來作進一步的查考，可能另有新發現。如今所見的明末諸居士，只有二十八位，不知其功名地位，然據《居士傳》的取捨標準而言，他們也絕不是白丁。飽讀詩書的知識分子，似乎是《居士傳》的作者對明末居士佛教的一個默契的要求。

第四節　明末居士與僧侶關係統計表

僧名	人數	親近僧侶的居士姓名
雲棲袾宏 1535-1615	24	王道安、嚴澂、戈以安、孫叔子、唐體如、郝熙載、蔡槐庭、虞長孺、黃平倩、鮑性泉、陶周望、唐宜之、王平仲、王弱生、王孟夙、丁劍虹、朱白民、黃元孚、聞子與、黃子羽、陳用拙、周景文、馬邦良、莊復真

紫柏眞可 1543-1603	4	陸與繩、董元宰、馬邦良、陳伯貞
雲谷法會 1500-1579	3	顧清甫、鮑性泉、袁了凡
憨山德清 1546-1623	3	顧清甫、聞子與、朱白民
密藏 幻余	2	瞿元立、董元宰
聞谷廣印 1566-1636	1	王孟夙
高原明昱	1	王宇泰
一雨通潤 1565-1624	1	王先民
鶴林大寂 ?-1630	1	陳用拙
散　木	1	鮑性泉（案：散木即是曹洞宗東越雲門寺住持湛然圓澄）
雪嶠圓信 1571-1647 博山無異 1575-1630	1	程季清
自平法主 蕅益智旭 1599-1655	1	程季清
漢月法藏 1573-1635	4	蔡惟立、劉長倩、黃元公、熊魚山

大樹弘證 1588-1646 問石弘乘 1585-1645	1	劉長倩
頂目弘徹 1588-1648		
密雲圓悟 1566-1624 徑山通容 1593-1661 無明慧經 1548-1618	2	黃元公、黃介子
廬山宗寶	1	金正希
靈巖繼起	3	金道照（女）、張大圓、熊魚山
華山蘗菴	1	金道照（女）（案：蘗菴即是熊魚山出家後的法號）
靈隱巨德	1	金道照（女）
碩機弘聖 ?-1658	1	張大圓
大博行乾 1602-1673	1	蔣虎臣

以上所舉二十八位僧侶的名字之中，以蓮池大師雲棲袾宏的影響力最大，有

二十四位居士，受過他的指導教化。他不是一位做研究工作的佛教學者，而是一位涉獵三藏經典並且兼通儒道之學的修行者，重視律儀，鼓吹《梵網菩薩戒本》，卻對律藏未作精到的探究。教理源出華嚴宗的系統，也未有獨到見地的著述。行持以西方的彌陀淨土的法門爲指歸，著有一部《阿彌陀經疏鈔》而被後代的淨土宗徒尊爲蓮宗第八代祖師，同時又提倡「參究念佛」，主張禪淨合一，集有《禪關策進》一書，對於中國明末以來的禪林行者，有極大的影響。從他所作《竹窗隨筆》一書，可以看出袾宏的學殖豐富，兼理內外、老莊乃至天主教，護教弘法之心非常急切。又從他所輯的《緇門崇行錄》一書，可以看出，袾宏重視緇流的實行實修，遠過於對經教的理論鑽研。著重實際生活中的威儀細節，細入牛毛，也著重對於忠君報國、待人接物、濟物利生、因果報應、修持感應等信念的闡揚，可謂不遺餘力。唯有這樣的一位大師，始能受到當時眾多居士的崇敬和親近，若僅以學問、藝術及事業爲專長的僧侶，不會得到居士群的擁戴，最多將之視爲方外的朋友而不會爲之心折。僅重於禪修或持戒念佛的僧侶，雖受尊敬卻不會被居士們奉爲指迷的良師。唯有像蓮池大師這樣的高僧，始能受到眾多士大夫居士們的親近承教。因此，袾宏的佛教思想及其修持觀念，便成了明末居士群的主要標榜，此一趨向直到清末民初，歷久不衰。

明末的居士們，多半是與某一位高僧之間有關係，也有幾位居士和數位同時代以及兩代的高僧之間有酬對。當然，未見於《居士傳》的明末其他僧侶，未必即與這些居士們之間沒有來往，但他們對於當時的士大夫階級的居士們，並未產生決定性的影響力，當是可想而知的事。

第五節　明末居士與明代理學家的關係

明末居士，有兩大類型：一類是親近出家的高僧而且重視實際修行的，另一類則信仰佛法、研究經教卻未必追隨出家僧侶修學的讀書人。第一類型的暫且不提，第二類型的居士，大抵與陽明學派有關，所謂左派的陽明學者，便是理學家之中的佛教徒，而且這一批居士對明末佛教的振興，有其不可埋滅的功勞。現在根據《居士傳》所見的資料，列表介紹他們的姓名及與理學家的關係如次：

姓名	與理學家的關涉	《居士傳》
李卓吾	其學不守繩轍，出入儒佛之間，以空宗爲歸，於時諸老師，獨推龍谿王先生、近溪羅先生，嘗從之論學。又嘗與耿天臺、鄧石陽，遺書辨難，反復萬餘言，抉摘世儒情僞，發明本心，剝膚見骨。	卷四三

管志道	管登之名志道，太倉人，學者稱東溟先生，爲諸生，篤學力行，隆慶初知府蔡公建中吳書院，以登之爲師。（管氏乃是王陽明的第三代，其關係爲王陽明—王心齋—耿定向—管志道）	卷四四
楊貞復	貞復早歲讀書白門，遇建昌黎允儒，與之言學有省。允儒者，近溪羅氏弟子也。其後貞復官京師，近溪適至，遂受業稱弟子。時執政者不悅學，近溪遂南歸。貞復歎曰：『吾師老矣，今者不盡其傳，異時悔可及乎？』乃移疾歸，依近溪以卒業焉。	卷四四
陶周望	與同官焦弱侯，相策發，始研求性命之學。已而請假歸，過吳江，與袁中郎論學三日。上剡溪，謁周海門，參叩甚力。每自撫膺曰：「此中終未穩在。」一日讀方山《合論》，手足忭舞，語弟奭齡曰：「吾往者空自生退屈也。」海門嘗致書詰其所得。	卷四四
殷時訓	名邁，號秋溟居士，應天人也，早歲肆業南京國子監，與江西何善山遊，聞陽明王子之學，又受教於司業歐陽南野。	卷四二
焦弱侯	初弱侯師事耿天臺、羅近溪，已而篤信李卓吾，往來論學，始終無間居，常博覽群書，卒歸心於佛氏，天臺嘗引程子斥佛語以相詰，弱侯復之曰：「伯淳斥佛，大抵謂出離生死、爲利心。……」	卷四四

瞿元立	元立受業於管東溟，學通內外，尤盡心於佛法。	卷四四
嚴澂	師事管東溟，傳其學。既又與瞿元立參究宗乘。	卷四〇
袁中郎	初學禪於李卓吾，信解通利，才辯無礙，已而自驗曰：「此空談，非實際也。」遂回向淨土。	卷四六
蔡惟立	惟立少好陽明子之書，萬曆四十七年成進士，授杭州推官，尋遷禮部主事。崇禎初由主客郎中，出爲江西提學副使，發明良知之學。	卷五一
金正希	初好陽明、近溪之學，爲文洞達原本。	卷五二

以上所舉見於《居士傳》的記載的，共有十一位，另於《居士傳》中有傳，卻未提及係理學家出身者，例如趙大洲貞吉居士，乃是王心齋的再傳、王陽明的四傳，他是徐樾的學生。並在《明儒學案》之中，即錄有趙大洲貞吉先生的學案。他在當時的儒士之間，擁有很高的影響力。另外又有陶周望、焦弱侯、金正希等三位居士，也在《明儒學案》中可以讀到他們的事蹟和學術思想的介紹（註一）。

從以上的表中所列，見到的理學大家的大名，除了已成佛教的居士之外，共有王陽明、王龍谿、羅近溪、耿天臺、鄧石陽、黎允儒、周海門、何善山、歐陽南野等人，也就是說，明末的這幾位居士，與理學家的淵源特深，尤其是與陽明學派的關係最爲密切。

以上諸位儒者身分的居士，有的是與僧人做朋友，比如李卓吾嘗薙髮、去冠服、居禪院，出家而不受戒，後來再度被冠服，恢復儒士身分（註二）。金正希延請廬山宗寶禪師，禮之閉關，相對作《斷五欲說》（註三）。瞿元立與密藏及幻余二位僧侶之間的關係，乃是爲了籌刻《徑山藏大藏經》而結合的道友（註四）。不過也有的是以儒者身分師事僧侶的，例如陶周望晚年參禮雲棲袾宏蓮池大師，受菩薩戒（註五）。蔡惟立去官家居時，往來鄧尉，參三峯的漢月法藏，有省，而作〈三頓棒頌〉云：「原來佛法無多子，三頓三拳已較多，悟去即今便一掌，錯向高安參老婆。」（註六）

註解

註　一　（一）《重編明儒學案》卷三七「泰州學案三」收有「趙大洲先生貞吉」的事略，並附其所作〈克己箴〉一篇（國立編譯館出版，正中書局印行）。

（二）《重編明儒學案》卷二八「泰州學案四」收有「陶石簣先生望齡」的事略，並附其所作「論學語」三條。

（三）《重編明儒學案》卷三九「泰州學案五」收有「焦澹園先生竑」的事略，亦錄其「論學語」七條，其第七條即引《淨名經》語謂：「某往日看世人無一當意，然只是心未穩妥，非干人事，《淨名經》云：『仁者心有高下，故見此土爲不淨耳。』若眞能致中和者，豈有不位之天地，不育之萬物哉！」

（四）《重編明儒學案》卷四一「諸儒學案八」收有「金正希先生聲」的事。

註 二 《居士傳》卷四三（《卍續藏》一四九．四七五頁A—B）。

註 三 《居士傳》卷五二（《卍續藏》一四九．四九八頁A）。

註 四 《居士傳》卷四四（《卍續藏》一四九．四八〇頁B—C）。

註 五 《居士傳》卷四四（《卍續藏》一四九．四七七頁C）。

註 六 《居士傳》卷五一（《卍續藏》一四九．四九五頁B）。

第六節　明末居士的修行分類

明末的中國佛教，大抵是學與行並重兼顧的，在行持方面以禪行及淨土行爲主流，淨土行者尤佔多數，持咒、誦經、禮懺則爲副行，但也有人禪淨兼修，也有人是先參禪而後專精於淨土念佛的。現舉其人名及其所修的法門，列表如下：

禪行者	12人	殷時訓、朱元正、楊貞復、陶奭齡、朱兆隆、董元宰、程季清、劉長倩、黃元公、黃蘊生、金正希、蔣虎臣
淨土行者	28人	嚴敏卿、楊邦華、孫叔子、朱綱、郭大林、劉通志、郝熙載、杜居士、吳用卿、張愛、陳廷裸、虞長孺、黃平倩、鮑性泉、唐宜之、袁宗道、袁宏道、袁中道、丁劍虹、黃元孚、聞子與、吳瞻樓、王先民、陳用拙、駱見於、周景文、馬邦良、黃元公之母
修念佛三昧者	6人	王道安、陸與繩、唐體如、蔡槐庭、焦弱侯、王孟夙
禪淨雙行者	5人	嚴敏卿、嚴澂、陸與繩、顧清甫、朱白民
先禪後淨土者	8人	王道安、虞長孺、鮑性泉、陶周望、焦弱侯、袁宏道、袁宗道、袁中道

其他尚有由學道家而入禪門，又從禪門轉入念佛行者，莊復眞便是一例。又有儒道釋三教並修兼重，則爲管志道、趙大洲、王弱生、曾端甫等人。又有以儒家爲基礎、以道家爲附從、以佛教爲究竟者，則爲袁了凡等輩。另有從修道家長生之術而修念佛三昧者則如朱白民等。

由於宋以後的禪宗流於氾濫不拘，沒有一定的準則作爲修持的依憑，徒逞口舌機鋒之能，與實際的宗教修養了不相關，所以初接觸時，確有與人以清新活潑之感，處之日久，若無眞明眼人指導，又無恆心苦參十年、八年的工夫，禪是不能解決問題的。所以晚近以來的中國佛教徒，多以仰信彌陀願力，祈求往生西方淨土，從宗教修養及宗教心理而言，這是正確和正常的現象。

第七節　明末居士所依用的經論疏鈔等佛教文獻

佛教的三藏教典，雖稱浩瀚，被歷來的佛教徒們所常用常講和註釋的，卻並不這麼多。從《居士傳》的記載之中，見到明末居士們所常用並且被普遍、重視的，僅有兩種，那就是《金剛經》、《楞嚴經》，現將被三位居士以上所依用的經論及其居士的名字列表如下：

《金剛經》	孫叔子、張愛、殷時訓、周楚峯、蔡槐庭、莊復眞、唐宜之、朱兆隆、王宇泰、錢伯韞、蔡徐氏、黃元公之母、熊魚山
《楞嚴經》	王道安、趙大洲、嚴道行、殷時訓、鮑性泉、管登之（志道）、焦弱侯、鈞伯敬、熊魚山
《法華經》	朱元正、鮑性泉、王先民
《阿彌陀經》	周楚峯、王孟夙、駱見於

《華嚴合論》	鮑性泉、陶周望、董元宰
〈準提咒〉	袁了凡、劉玉受、徐成民

由此可見，影響明末居士的佛教信仰及作爲修持指導的經論，不論對於淨土行者或禪者，力量最大而主要的是《金剛經》，其次是《楞嚴經》。本來，這兩部經典，是屬於禪宗，五祖、六祖開始，以《金剛經》爲依歸，唐末宋初開始，禪宗夾用教理，故對《楞嚴經》加以重視。明末的居士，以此二經爲主，再以《法華經》、《阿彌陀經》、《華嚴經》爲附，即形成一代佛教的思潮。也可見到，思想的中心，仍是禪的精神，此又可從雲棲袾宏主張參究念佛、居士們修行念佛三昧者竟有六人，得到旁證，證明當時的佛教是以淨土爲目標，卻以禪理作指針的。至於天臺的法華、賢首的華嚴，並非思潮的主流，甚至僅與持〈準提咒〉的風尚相近。

另外從《居士傳》的記載中，一見或二見明末居士所用的經論語錄，則有《華嚴經》、《圓覺經》、《六祖壇經》、《觀音經》、《心經》、《大乘起信論》、《維摩經》、《梁皇寶懺》、《指月錄》、《宗鏡錄》、《五燈會元》、《阿彌陀經疏鈔》、《三千佛名經》、《四十二章經》、《佛遺教經》、《般若經》、〈大悲咒〉、〈往生咒〉、《地藏經》、《大慧普覺禪師語錄》、《中峯和尚廣錄》等二十多種。由這些經咒論書及語錄，也可推知，在當時的中國佛教界，比較流行的修行依據，是以禪為主流的如來藏系統的思想為準，至於淨土思想，主要是以《阿彌陀經》為準，未及其他的淨土經典。

拜懺或持咒，也是明末佛教的主要修行法力。例如杜居士、程季清、徐成民、虞長孺之重視禮誦懺法，吳用卿、黃晞、袁了凡、劉玉受、徐成民等持誦〈往生咒〉、〈大悲咒〉、〈準提咒〉等。此所謂雜行雜修的風氣，在當時想必相當流行。

第八節　明末居士遭受政治迫害及與流賊相抗

明末的時代，政治並不清明，弄臣專權，賢明正直之士，大多不能見容於當令的權貴，因了政治的因素，被誣陷迫害的，不僅是政府的官吏、士大夫、讀書人，也波及到了佛門的緇素。高僧長老之中，即有徧融眞圓、達觀眞可、憨山德清等三位，受到了政治迫害（註一）。《居士傳》中所載的明末居士之中，至少也有十二人，遭受了政治的迫害，現在分別列表介紹如下：

姓名	遭受迫害的事實	《居士傳》卷數
陳廷裸	名瓚，江南常熟人，嘉靖三十五年進士，官刑科給事，中劾罷嚴嵩餘黨，又請錄建言廢斥者，忤旨杖六十，除名，家居，一意修西方淨業。	卷四二
李卓吾	卓吾喜接人，來問學者，無論緇白，披心酬對，風動黃麻間。時有女人來聽法，或言女人見短，不堪學道。卓吾曰：「人有男女，見亦有男女乎？且彼爲法來者，男子不如也。」既而麻黃間士大夫皆大噪，斥爲左道惑眾，欲逐去之。……復爲言官所劾，下詔獄，獄成勒歸原籍。卓吾曰：「吾年七十六死耳，何以歸爲！」奪刀自剄死。	卷四三
袁了凡	後七年，擢兵部職，方司主事，會朝鮮被倭難，來乞師經略，宋應昌奏了凡軍前贊畫，兼督朝鮮兵。提督李如松，以封貢給倭，倭信之不設備，如松遂襲，破倭於平壤。了凡面折如松，不應行詭道，虧損國體，而如松麾下又殺平民爲首功，了凡爭之強，如松怒，獨引兵而東，倭襲了凡，了凡擊卻之，而如松軍果敗，思脫罪，更以十罪劾了凡，而了凡旋以拾遺被議，削籍歸。	卷四五

周景文	會魏忠賢擅權黨禍作，嘉善魏大中被逮過蘇，景文往餞之，與同臥起三日，旂尉屢趣，景文怒罵忠賢不已，旂尉歸，以告忠賢，御史倪文煥承忠賢旨，劾景文不當與罪人連姻，且誣景文署選郎時贓罪。忠賢即矯旨削籍。……既至京，下詔獄，坐贓三千金，被考時大聲呼曰：「汝不畏天地耶，奈何必欲置吾輩死，天下忠臣義士多矣，汝能盡殺耶？」更極口罵忠賢，鎮撫官許顯純命椎擊其齒，齒盡落，顯純自起問曰：「復能罵魏公否？」景文噀血唾其面，罵益厲。遂於夜中潛斃之。明年莊烈即位，誅魏忠賢。……贈景文太常卿，謚忠介。	卷四九
姚孟長	天啟五年，黨禍既作，孟長以母喪歸，給事中楊所修以孟長負東林望，劾爲繆昌期死黨，遂削籍。崇禎初，起左贊善，再遷右庶子，日講官，又爲溫體仁所嫉，左遷少詹事，掌南京翰林院，平居歸。	卷四九
黃元公	時，明政不綱，元公數上書當路，言寇禍，不納，遂披薙入廬山。……已而，南京立福王，大學士姜日廣薦起之，授儀制主事。我（清）兵下南京，元公方寓能仁寺，榜其名於門，遂被逮。大帥者元公同年友，諭降不從，欲以善知識禮全之，亦不許，居獄中，作	卷五一

	《明夷錄》以見志。既大帥復遣騎諭降，不從，乃引出通濟門外，過水草亭，元公北面叩頭，坐受戮，顏色不變，行刑者憚之，舉刀輒手顫墮其刀，易卒亦如之，元公厲聲曰：「何不刺我心？」刺其心，乃死。	
黃介子	國變後，同縣人張大圓棄官歸，約介子俱隱，結白社，爲終老計。介子不可，曰：「不舉事何以報國，不授命何以成人？」我師（清兵）下江東，江陰典史陳明遇等，起兵城守，介子與門人徐趨，集眾行塘應之，城陷逸去。已而事露見執，當事者欲輕其罪，以盜論。介子不可曰：「毓祺（介子字）豈爲盜者？」將刑，其門人告之期，作絕命詞，遂取襲衣自斂，趺坐而化。	卷五一
黃晞與周氏	（黃介子的兒子）晞，亦繫獄，晞妻周氏，當沒官，自縊不死，絕粒數日者再不死，赴水不死，再呑金不死，自刎不死，終自縊而死。……晞被繫周日，誦〈大悲心咒〉，至死神氣不亂。	卷五一
黃蘊生	崇禎十六年成進士歸，杜門不出。福王時諸進士悉授官，蘊生獨不起。南京城破，我師（清兵）至嘉定，士民共推前浙江右參政侯峒曾爲主，峒曾者元演、元潔父也。蘊生與昌全、雲蛟等並嬰城固	卷五二

	守，且一月，大雨，城陷，峒曾挈二子沈於池，蘊生入僧舍，與淵耀相對縊。昌全、雲蛟並死之，昌全妻亦從死。	
金正希	崇禎元年成進士，選庶吉士，明年我師（清兵）薄京城，正希慷慨上言防禦策，薦布衣申甫，有將才，莊烈以甫爲副總兵，募新軍數千人，改正希御史參其軍，既而甫出戰，沒於陣，正希言浸不用，遂謝病歸，後屢徵不起，家居益銳志學道。……順治二年，我師（清兵）破南京，徇諸州縣，正希率兵，扼險拒守，唐王在閩，授右都御史，兼兵部侍郎，進兵下寧國、旌德諸縣，我師間道襲破之，正希被執。途中與長兄書曰：「……我家爲王事勤勞，死者死得其所，即流離散亡者，亦流離散亡得其所。」……遂致命。	卷五一
熊魚山	崇禎十三年，周延儒復相，舉錯失當，魚山疾延儒所爲，因責。延儒所善，孫晉、馮元颷、吳昌時，令爲延儒陳禍福，延儒日益甚。無何大清兵入塞，魚山條上六事不報，及畿輔被兵，詔許官民，得請見言事。魚山請以軍事見，遂言輔臣不稱職，專以情面賄賂用人，壞天下人心術，帝疑其有私，徵詰再三，命具本，本上，帝方倚重。延儒惡其言切，遂下錦衣衞，獄究，主使拷掠慘酷，魚山更	卷五二

> 盡摘發延儒所爲奸利。……至午門杖一百，仍繫獄。魚山在獄年餘，以佛法攝獄中人。……再傳當受杖。……時惟默誦觀世音號，自一至百，血肉糜爛，弗覺也。……延儒得罪賜死，言官多救魚山者，不聽。而刑部仍擬贖徒，復不許。時崇禎十六年也。明年遣戍杭州，三月抵戍所，而流賊（李自成）遂以是月陷京師矣！……唐王在閩，起魚山工科給事中，累官東閣大學士，以病乞休，寓汀州，城破遂爲僧，更名正志，號藥菴，得法於靈巖繼起禪師。

另有蔡惟立及劉長倩兩人，對於保衛社稷，抵抗流寇，抵死效忠明朝王統的記載，也是可歌可泣：「（崇禎）十六年，流賊陷陝西，惟立帥三千兵，拒賊河上，三敗之。而賊復自西安破榆林，逼太原，晉王手書召之還，賊遂渡河陷平陽，攻太原，惟立誓眾死守，巡按御史汪宗友，劾惟立不當歸太原，遂解職聽勘。或謂惟立曰：『事急矣，委之可也。』曰：『不可。』曰：『移鎮候代可乎？』曰：『不可。』賊使使招之降，斬其頭懸於城上。賊薄城，禦之，所殺甚眾。城陷，北向再拜，出遺表付使者，至三立祠，自縊死。」（註二一）

蔡惟立面臨的是流寇李自成，另黃子羽及劉長倩所面臨的則是流寇張獻忠，有關劉長倩的貞烈記載，則很簡要：「後歸邛州，張獻忠陷蜀，群議乞降，長倩曰：『如何提筆寫得個降字。』被執，席地坐，罵不絕口，坐脫去。」

以上所介紹的居士們，與一般人士指摘信佛是消極或遁世的形象，完全不同，而他們都是忠臣義士和烈女，雖然信佛虔誠，且多有修持的體驗，讀到他們爲了忠君報國雖死而謂死得其所的殉難事蹟，若有人再說佛教徒是遁世逃世的話，實在太不公平了。

明末社會多亂，朝廷也不算英明，尤其出了幾位嫉賢害能的輔臣，使得國事日非，賢良被禍。

從上來所引的資料中，看到了嚴嵩餘黨、言官、李如松、魏忠賢、楊所修、周延儒等人的奸僞誣妄及無能，也見到了滿清大軍自東北南下之時，許多英傑之士，壯烈地殉國了，又見到流賊犯亂之際，佛教的居士之中，竟有三位是寧死不降的忠貞之士。

有一點是值得注目的，這些受到政治迫害的居士們，由他們所修行的法門，以及所親近的僧侶而言，很明顯地，大多屬於禪行的系統。也可以說，禪者大多有大丈夫氣，至少有豪傑之氣，故少想到私人一己的利害，義之所在，雖死不惜。

註解

註　一　參看聖嚴著《明末中國佛教の研究》第一章第一節第二項。

註　二　《居士傳》卷五一（《卍續藏》一四九．四九五頁A）。

第九節　明末居士的佛教著作

明朝的朱氏王朝，共計二百九十三年，可是凡爲重要的佛教緇素，幾乎全在明末的時代自神宗的萬曆年代至明朝王統滅亡（西元一五七三——一六六一年）的九十來年之間。明末的社會並不理想，但是文化發達，人才輩出，而形成新的力量，可能與西洋文化如天主教的入侵，及北方民族的茁壯，流寇四起，戰禍與天災的連綿，有著很大的關係，使得民族精神自奮自覺，民心要求長治久安。此正所謂疾風勁草及亂世忠臣的寫照。

明朝的佛教著作，不論出於僧侶或居士者，凡有相當價値的，幾乎都在明末的階段。現在先將《居士傳》中列有傳記或見到名字者所寫的著作而被收在《卍續藏》中的列表如下：

作者	著作名稱	卷數	作成年代	現存《卍續藏》
李卓吾（贄）	華嚴經合論簡要	4	不明	七冊
	般若心經提綱	1	不明	四一冊
	淨土決	1	不明	一〇八冊
曾鳳儀	楞嚴經宗通	10	不明	二五冊
	楞伽經宗通	9	不明	二六冊
	金剛經宗通	7	不明	三九冊
	金剛經偈釋	2	不明	三九冊
王肯堂（宇泰）	成唯識論證義	10	1613	八一—八二冊
	因明入正理論集解	1	1612	八七冊
焦弱侯（竑）	楞嚴經精解評林	3	不明	九〇冊
	楞伽經精解評林	1	不明	九一冊
	法華經精解評林	2	不明	九三冊
	圓覺經精解評林	卷上	不明	九四冊
瞿汝稷（元立）	指月錄	32	1602作序	一四三冊
嚴敏卿	樂邦文類序	1頁	不明	一〇七冊

莊廣還（復眞）	淨土資糧全集	8	1595	一〇八冊
袁宏道	西方合論	1	1599	一〇八冊

見於《居士傳》而未收於《卍續藏》之著作則有：1.趙大州的《二通》、《求放心齋銘》。2.陸與繩的《刻五燈會元序》。3.鮑性泉的《天樂鳴空集》（註一）。4.陶周望的《放生詩》、《放生解惑篇》。5.瞿元立的《徑山藏導文》。6.王弱生的《彌勒懺》。7.袁了凡的《功過格》。8.曾端甫的《通翼》、《護生篇》。9.趙凡夫的《護生品》。10.姚孟長的《佛法金湯徵文錄》（註二）。以上這些作品的內容，雖其部分已無法找到，然從篇名看來，大致可以明白。值得注意的是彌勒信仰及放生的運動，尤其是放生的風氣非常普遍，從《居士傳》中看到除上面介紹的三位居士寫有放生的文章之外，尚有楊邦華、黃平倩、程季清、虞長孺、周景文等的放生事蹟，更有陳用拙創放生社、劉玉受立放生會，錢伯韞於臨終時飲放生池水等的記載。

另有未見於《居士傳》卻有重要著述被收入《卍續藏》中的明末居士，在此也必須予以介紹：

作者	著作名稱	卷數	作成年代	現存《卍續藏》
錢謙益（牧齋）	楞嚴經疏解蒙鈔	36	1651—1659	二一冊
	般若心經略疏小鈔	2	1596—1598	四一冊
	紫柏尊者別集	4	1660	一二七冊
林兆恩	般若心經釋略	1	不明	四一冊
	般若心經概論	1	不明	四一冊
	金剛經統論	1	不明	三九冊
謝觀光	般若心經釋義	1	1587	四一冊
	般若心經釋疑	1	1587	四一冊
諸萬里	般若心經註解	1	1577	四一冊
何道全	般若心經註解	1	1609	四二冊
凌弘憲	楞嚴經證疏廣解點釋	10	1621	二二冊
陸西星	楞嚴經說約	1	1596	八九冊
	楞嚴經述旨	10	1601	八九冊
夏樹芳	名公法喜志	4	不明	一五〇冊
楊起元	維摩經評註	14	不明	三〇冊

施堯挺	準提法要	1	1612—1613	一〇四冊
謝于教	準提淨業	3	1623	一〇四冊
郭凝之	五家語錄（與圓信合編）	5	1630	一一九冊
林弘衍	雪峯義存禪師語錄	2	1626散木序	一一九冊
	玄沙師備禪師語錄	3	不明	一二六冊
許元釗	雲門麥浪懷禪師宗門設難	1	1620	一二七冊
朱時恩	佛祖綱目	42	1610—1631	一四六皿
	居士分燈錄	2	1631	一四七冊
高承埏	八十八祖道影傳贊補	4	不明	一四七冊
陶明潛	先覺集	2	1612	一四八皿

我們可由本節的前後兩張表格中的資料看出，《居士傳》的作者彭際清，對於明末居士之有重要的佛教作述者，僅錄用了七位，漏列的則有十八位之多。《居士傳》的撰述，據其「發凡」中自謂：「是書始事於庚寅（西元一七七〇年）之夏，削稿於乙未（西元一七七五年）之秋。」乃是西元十八世紀七〇年代的事，他卻忽略了許多活躍西元十六及十七世紀之間的居士們的事略及對佛教文化所作

的貢獻，其原因何在？不得而知（註三）。

綜合《居士傳》及《卍續藏》所收明末居士們的佛教著述的書目看來，關於《心經》的計七種，關於《楞嚴經》的有六種，有關《金剛經》的計三種，關於淨土行的計四種，關於禪史傳記及禪門語錄的合計九種，至於其他如《華嚴經》、《法華經》、《圓覺經》三經，僅各有一種，《成唯識論》、《因明入正理論》也各一種，關於《楞伽經》則有兩種。

以此可知，明末的居士，思想的指導，是以《楞嚴經》、《心經》、《金剛經》爲主。宗教精神的支持，則淨土的勢力雖強，靠向禪的力量也是很強，對於多數的知識分子，禪的魅力始終不竭。所以雲棲袾宏，被後世尊爲蓮宗八祖，在其當時，亦被稱爲「蓮池禪師」（註四）。

註解

註一　《天樂鳴空》爲鮑性泉（宗肇）所集，計三卷，未被收入藏經，現有存於日本龍谷大學二〇九九・七六編號的貞亨五年刊行本。

註二　姚孟長的《佛法金湯徵文錄》共十卷，現存於日本京都大學一九七・三號的青照相本。

註　三　根據《居士傳》的作者在「發凡」中所述的取捨標準謂：「護法之文，須從般若光明海中自在流出，乃爲可貴，是書所載，非其眞實有關慧命者，概弗列焉。……元明士大夫文字類多出入儒佛，亦必其行解相應，始堪采擇。」

註　四　《居士傳》卷四二「莊復眞」條下有云：「（復眞）偶出遊杭州，遇一翁，與之語學佛，翁曰：『子學佛誰所師？』曰：『未也。』翁曰：『子不讀柳子厚服氣書乎？雲棲有蓮池禪師者，近在此，盍往師之。』」（《卍續藏》一四九．四七四頁B）

第十節　後記

本文初稿發表於一九七八年九月在紐約哥倫比亞大學召開的國際佛教學研究會第三次大會，定稿完成於一九八〇年十二月二十日在紐約的禪中心。此期間由於每三個月即往返臺灣與紐約一趟，雖將初稿經常攜來帶去，終以事忙，未及完稿，現在爲了《華岡佛學學報》的第五期出版，在禪講之間抽出一週的時間，將之整理完成。在我以往各稿之中，這是一篇最難產的東西了。

二十二劃

二十三劃

二十五劃

十九劃

二十劃

二十一劃

十七劃

十八劃

十六劃

十五劃

十四劃

十三劃

十二劃

十一劃

九劃

十劃

八劃

七劃

六劃

五劃

四劃

明末佛教研究索引

一劃

二劃

三劃

佛研所論叢系列 45

明末佛教發展之研究

釋見曄 著

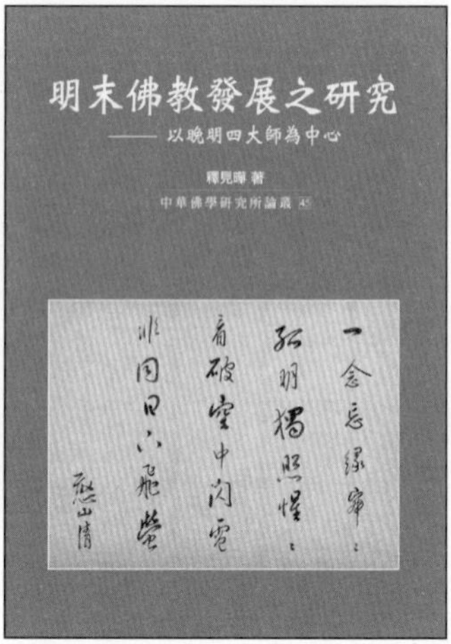

定價 300 元

晚明佛教復興，懸命於雲棲袾宏、蕅益智旭、憨山德清與紫柏達觀四大師；在政經劇變的明末社會，四高僧以畢生行誼，真誠回應時代危機與人性需求。

袾宏、智旭大師以「離俗出世」的實修形象，示現有所為、有所不為的僧行準則，以及深摯精勤的宗教行持。憨山、達觀大師則以「人間菩薩」的大乘精神，示現應眾生機之利眾生行，以及積極濟世的社會禪。本書藉由動的過程，探討佛教復興與再生的跨時代意義；作者特別著墨於大師獨具的生命力，讀來別有歷史發展興味。

佛研所論叢系列 47

《華嚴經・入法界品》空間美感的當代詮釋

陳琪瑛 著

定價 400 元

《華嚴經・入法界品》描述「善財童子五十三參」的故事，善財接受文殊菩薩教誨，踏上參訪善知識的內在之旅；如此寬容的學習力，顯示出華嚴境界的廣大圓融。

本書依《華嚴經》的表法義趣，以古德註疏為核心，廣泛運用東、西方思想，發掘「五十三參」意蘊豐富的內涵；透過空間現象學的美學視角，深入各參的場所精神，導引出「境隨心轉」的如來智慧。

噶陀仁珍千寶六世仁波切
國立政治大學・羅宗濤教授　聯合推薦
國立台灣師範大學・莊耀郎教授

智慧人系列 5

人間此處是桃源

林子青詩文集

林子青 著

定價 380 元

詩，是生命的影像。詩的領域，比語言還要深廣。本書收錄《煙水庵詩稿》等近二百首詩作與二十篇散文，字裡行間透露出作者悲世憫人、細膩浪漫的性格。細讀這些雋永而蘊含禪意的作品，我們將清楚感受到：詩人所處的大時代，以及生命深層活動的微波。

「林老是部活字典，也是咱們中國佛教界的國寶。」
——趙樸初（前中國佛教協會會長）

「由這套書中，可以看到林老居士的一生，也可以看到近代中國佛教的縮影。」
——聖嚴法師

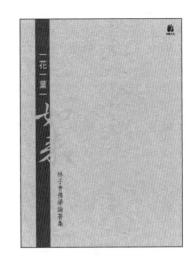

智慧人系列 9

小止觀講記

釋繼程 著

定價 300 元

以知見為先導，禪定為樞紐，智者大師將其畢生所修、所行、所教，總歸為天台止觀法門，為中國佛教奠定系統化的理論基礎與實踐方法。

繼程法師以《小止觀》為綱要，融入《釋禪波羅蜜》、《六妙門》、《摩訶止觀》等修持體悟；在初講中詳細開示二十五種方便，著重禪修之前的準備工夫及禪修中的應用；在續講中則進一步指導調身、調息、調心的根本原則，以及禪定過程的身心變化、各種境界與對治之道。

國家圖書館出版品預行編目資料

明末佛教研究 / 聖嚴法師著 . -- 二版 . -- 臺北市 : 法鼓文化, 2000〔民89〕印刷
面 ; 公分 . --〔智慧海 ; 9〕
含索引
ISBN 957-598-107-3（平裝）

1. 佛教－中國－明〔1368-1644〕
228.206 89007406

智慧海 9

明末佛教研究

法鼓文化

著者／聖嚴法師
出版者／法鼓文化事業股份有限公司
編輯總監／釋果賢
主編／陳重光
責任編輯／法鼓文化編輯室
美術設計／陳碧瑩
地址／台北市北投區公館路186號5樓
電話／(02)2893-4646 傳真／(02)2896-0731
網址／http://www.ddc.com.tw
E-mail／market@ddc.com.tw
讀者服務專線／(02)2886-1600
二版／2000年8月
三版／2009年3月
建議售價／新台幣280元
郵撥帳號／50013371
戶名／財團法人法鼓山文教基金會-法鼓文化
北美經銷處／紐約東初禪寺
Chan Meditation Center(New York, U.S.A.)
Tel／(718)592-6593 Fax／(718)592-0717